KB105843

크리톤

정암고전총서 플라톤 전집

크리톤

플라톤

이기백 옮김

아카넷

───────

정암고전총서는 윤독의 과정을 거쳐 책을 펴냅니다.
아래의 정암학당 연구원들이 『크리톤』 원고를 함께 읽고
번역에 도움을 주셨습니다.
강성훈, 김인곤, 김주일, 정준영, 이창연

'정암고전총서'를 펴내며

그리스·로마 고전은 서양 지성사의 뿌리이며 지혜의 보고이다. 그러나 이를 우리말로 직접 읽고 검토할 수 있는 원전 번역은 여전히 드물다. 이런 탓에 우리는 서양 사람들의 해석을 수동적으로 수용하는 처지를 완전히 극복하지 못하고 있다. 사상의 수입은 있지만 우리 자신의 사유는 결여된 불균형의 문제를 안고 있는 것이다. 이런 상황은 우리의 삶과 현실을 서양의 문화유산과 연관 지어 사색하고자 할 때 특히 심각한 문제를 야기한다. 우리 자신이 부닥친 문제를 자기 사유 없이 남의 사유를 통해 이해하거나 해결하는 것은 거의 불가능하기 때문이다. 우리의 문제에 대한 인문학적 대안들이 때로는 현실을 적확하게 꼬집지 못하는 공허한 메아리로 들리는 것도 그런 이유 때문일 것이다.

한 공동체에서 살아가는 사람들이 자신들의 생각과 말을 나누며 함께 고민하는 문제와 만날 때 인문학은 진정한 울림이 있는 메아리가 될 수 있다. 이것은 우리가 우리의 현실을 함께 고민하는 문제의식을 공유함으로써 가능하겠지만, 그조차도 함께 사유할 수 있는 텍스트가 없다면 요원한 일일 것이다. 사유를 공유할 텍스트가 없을 때는 앎과 말과 함이 분열될 위험에 노출될 수 있기 때문이다. 이런 점에서 진정한 인문학적 탐색은 삶의 현실이라는 텍스트, 그리고 생각을 나눌 수 있는 문헌 텍스트와 만나는 이중의 노력에 의해 가능할 것이다.

현재 한국의 인문학적 상황은 기묘한 이중성을 보이고 있다. 대학 강단의 인문학은 시들어 가고 있는 반면 대중 사회의 인문학은 뜨거운 열풍이 불어 마치 중흥기를 맞이한 듯하다. 그러나 현재의 대중 인문학은 비판적으로 사유하는 인문학이 되지 못하고 자신의 삶을 합리화하는 도구로 전락하는 경향이 없지 않다. 사유 없는 인문학은 대중의 욕망을 충족시키기 위해 소비되는 상품에 지나지 않는다. '정암고전총서' 기획은 이와 같은 한계상황을 극복할 수 있는 기본적인 토대를 마련하고자 하는 절실한 문제의식에서 시작되었다.

정암학당은 철학과 문학을 아우르는 서양 고전 문헌의 연구와 번역을 목표로 2000년 임의 학술 단체로 출범하였다. 그리고 그 첫 열매로 서양 고전 철학의 시원이라 할 『소크라테스 이전 철학자들의 단편 선집』을 2005년도에 펴냈다. 2008년에는 비영리 공익법인의 자격을 갖는 공적인 학술 단체의 면모를 갖추고 플라톤 원전 번역을 완결할 목표 아래 지금까지 20여 종에 이르는 플라톤 번역서를 내놓고 있다. 이제 '플라톤 전집' 완간을 눈앞에 두고 있는 시점에 정암학당은 지금까지의 시행착오를 밑거름 삼아 그리스·로마의 문사철 고전 문헌을 우리말로 옮기는 고전 번역 운동을 본격적으로 펼치려 한다.

정암학당의 번역 작업은 철저한 연구에 기반한 번역이 되도록 하기 위해 처음부터 공동 독회와 토론을 통해 이루어진다. 번역 초고를 여러 번에 걸쳐 교열·비평하는 공동 독회 세미나를 수행하여 이를 기초로 옮긴이가 최종 수정하는 방식으로 진행된다. 이같이 공동 독회를 통해 번역서를 출간하는 방식은 서양에서도 유래를 찾기 어려운 번역 시스템이다. 공동 독회를 통한 번역은 매우 더디고 고통스러운 작업이지만, 우리는 이 같은 체계적인 비평의 과정을 거칠 때 믿고 읽을 수 있는 텍스트가 탄생할 수 있다고 확신한다. 이런 번역 시스템 때문에 모든 '정암고전총서'에는 공동 윤독자를 병기하기로 한다. 그러나 윤독자들의 비판을 수용할지 여부는 결국 옮긴이가 결정한다는 점에서 번역의 최종 책임은 어디까지나 옮긴이에게 있다. 따라서 공동 윤독에 의한 비판의 과정을 거치되 옮긴이들의 창조적 연구 역량이 자유롭게 발휘될 수 있도록 노력하였다.

정암학당은 앞으로 세부 전공 연구자들이 각각의 연구팀을 이루어 연구와 번역을 병행함으로써 아리스토텔레스 철학 원전, 키케로 전집, 헬레니즘 선집 등의 번역본을 출간할 계획이다. 그리고 이렇게 출간될 번역본에 대한 대중 강연을 마련하여 시민들과 함께 호흡할 수 있는 장을 열어 나갈 것이다. 공익법인인 정암학당은 전적으로 회원들의 후원으로 유지된다는 점에서 '정암고전총서'는 연구자들의 의지뿐만 아니라 시민들의 소중한 뜻이 모여 세상 밖에 나올 수 있는 셈이다. 이런 점에서 '정암고전총서'가 일종의 고전 번역 운동으로 자리매김되길 기대한다.

'정암고전총서'를 시작하는 이 시점에 두려운 마음이 없지 않으나, 이런 노력이 서양 고전 연구의 디딤돌이 될 것이라는 희망, 그리고 새로운 독자들과 만나 새로운 사유의 향연이 펼쳐질 수 있으리라는 기대감 또한 적지 않다. 어려운 출판 여건에도 '정암고전총서' 출간의 큰 결단을 내린 아카넷 김정호 대표에게 경의와 감사의 뜻을 전한다. 끝으로 정암학당의 기틀을 마련했을 뿐만 아니라 앎과 실천이 일치된 삶의 본을 보여 주신 이정호 선생님께 존경의 마음을 표한다. 그 큰 뜻이 이어질 수 있도록 앞으로도 치열한 연구와 좋은 번역을 내놓는 노력을 다할 것이다.

2018년 11월

정암학당 연구자 일동

'정암학당 플라톤 전집'을 새롭게 펴내며

플라톤의 사상과 철학은 서양 사상의 뿌리이자 서양 문화가 이루어 온 지적 성취들의 모태가 되었다는 점에서 큰 의미를 지니고 있다. 특히 그의 작품들 대부분은 풍성하고도 심오한 철학적 문제의식을 담고 있을 뿐만 아니라 생동감 넘치는 대화 형식으로 쓰여 있어서, 오늘날까지 많은 사람이 최고의 철학 고전이자 문학사에 길이 남을 걸작으로 손꼽고 있다. 화이트헤드는 '유럽철학의 전통은 플라톤에 대한 일련의 각주'라고까지 하지 않았던가.

정암학당은 플라톤의 작품 전체를 우리말로 공유할 수 있도록 하자는 취지에서 뜻있는 학자들이 모여 2000년에 문을 열었다. 그 이래로 플라톤의 작품들을 함께 읽고 번역하는 데 매달려 왔다. 정암학당의 연구자들은 애초부터 공동 탐구의 작업 방식을 취해 왔으며, 이에 따라 공동 독회와 토론을 통해 텍스트를 이해하는 노력을 기울여 왔고, 초고를 여러 번에 걸쳐 교열 · 비평하는 수고 또한 마다하지 않았다. 2007년에 『뤼시스』를 비롯한 3종의 번역서를 낸 이후 지금까지 출간된 정암학당 플라톤 번역서들은 모두 이 같은 작업 방식으로 이루어진 성과물들이다.

정암학당의 이러한 작업 방식 때문에 번역 텍스트를 출간하는 데 출판사 쪽의 애로가 없지 않았다. 그동안 출판을 맡아 준 이제이북스는 어려운 여건에서도 플라톤 전집 출간의 의미를 이해하고 전집 출간 사업에 동참하여 많은 노력을 기울여주었다. 그 결과 2007년부터 2018년까지 20여 종의 플라톤 전집 번역서가 출간되었다. 그러나 최근 이제이북스의 여러 사정으로 인해 전집 출간을 마무리하기가 어려워졌다. 정암학당은 플라톤 전집 출간을 이제이북스와 완결하지 못하게 된 것에 대해 아쉬움을 표하는 동시에 그 동안의 노고에 고마움을 전한다.

정암학당은 이 기회에 플라톤 전집의 번역과 출간 체계를 전반적으로 정비하기로 했고, 이런 취지에서 '정암학당 플라톤 전집'을 '정암고전총서'에 포함시켜 아카넷 출판사를 통해 출간할 것이다. 아카넷은 정암학당이라는 학술 공간의 의미를 이해하고 '정암학당 플라톤 전집' 출간의 가치를 공감해주었다. 여러 가지 측면에서 많은 어려움이 있었음에도 어려운 결단을 내린 아카넷 출판사에 감사를 표한다.

정암학당은 기존에 출간한 20여 종의 번역 텍스트를 '정암고전총서'에 편입시켜 앞으로 2년 동안 순차적으로 이전 출간할 예정이다. 그러나 이런 작업이 짧은 시간에 추진되었기 때문에 번역자들에게 전면적인 수정을 할 시간적 여유가 주어지지는 않았다. 따라서 아카넷 출판사로 이전 출간하는 플라톤 전집은 일부의 내용을 보완하고 오식을 수정하는 선에서 새로운 판형과 조판으로 출간한다. 이 점에 대해서는 독자들께 양해를 구한다. 정암학당은 출판사를 옮겨 출간하는 작업을 진행하는 동시에, 플라톤 전집 중 남아 있는 텍스트들에 대한 번역본 출간 시기도 앞당길 수 있도록 노력할 것이다. 그리하여 오랜 공동 연구의 결실인 '정암학당 플라톤 전집' 전체를 독자들이 조만간 음미할 수 있도록 최선을 다할 것이다.

끝으로 정암학당의 기반을 마련해 주신 고 정암(鼎巖) 이종건(李鍾健) 선생을 추모하며, 새 출판사에서 플라톤 전집을 완간하는 일에 박차를 가할 것을 다짐한다.

2019년 6월
정암학당 연구자 일동

차례

작품 내용 구분

2) 크리톤의 권유와 관련한 법률의 연설(53a~54d)

  (1) 탈옥은 친구들에게 피해를 줄 것이다(53b)

  (2) 탈옥해서 어느 나라로 가든 철학적 논의는 할 수 없을 것이다
    (53b~54a)

  (3) 탈옥이 자식들의 양육과 교육에 더 도움이 될 것도 없다(54a~b)

  (4) 탈옥을 하면 이승에서도 저승에서도 좋지 않을 것이다(54b~d)

5. 소크라테스의 마지막 언급(54d~e)

등장인물

소크라테스(Sōkratēs)

기원전 469~399년. 소크라테스는 플라톤이 저술한 거의 모든 대화편에 등장하고 대화를 주도한다.(그는 유일하게 『법률』에는 등장하지 않고, 『파르메니데스』와 『티마이오스』에는 등장하지만 대화를 주도하지는 않는다.) 그런데 어디까지가 소크라테스의 사상인가는 큰 논란이 되고, 이 문제는 '소크라테스적 문제'라고 일컬어진다. 그러나 적어도 플라톤의 초기 대화편들, 특히 『소크라테스의 변명』이나 『크리톤』은 역사적 소크라테스의 행적과 사상을 실제에 가깝게 얘기하는 것으로 보인다. 『크리톤』에서 소크라테스는 사형 집행일이 임박한 상황에서 탈옥을 권유하는 크리톤을 상대로 '탈옥을 하는 것이 정의로운 것인지'를 논한다.

크리톤(Kritōn)

크리톤은 소크라테스와 동갑이고 같은 부락민이고 절친한 사이다. 그는 소크라테스에게 닥친 불운에 안타까워하며 그와 최후의 순간들을 함께한다. 그는 소크라테스와 달리 부유했으며, 법정에서 소크라테스가 고소인의 사형 제안에 비해 과도하게 낮은 벌금을 제의하자 벌금액을 대폭 늘려 수정 제안을 하도록 돕는다. 그리고 사형선고를 받고 감옥에 있는 소크라테스에게 탈옥을 강력하게 권유한다. 그는 플라톤의 대화편들 중 『크리톤』뿐 아니라, 『소크라테스의 변명』, 『에우데모스』, 『파이돈』 등에도 나온다. 『파이돈』에서 그는 소크라테스의 장례를 걱정하기도 하고, 그가 독배를 들이키고 최후를 맞이한 순간 그의 눈을 감겨준다.

일러두기

1. 번역의 기준 판본으로는 옥스퍼드 고전 텍스트(Oxford Classical Text) 『플라톤 전 집(*Platonis Opera*)』 1권 신판(E. A. Duke, W. F. Hicken, W. S. M. Nicoll, D. B. Robinson, J. C. G. Strachan 편집, 1995)을 사용했다.

2. 번역문 좌우측 여백에 있는 숫자와 알파벳(313a, b 등)은 '스테파누스판'(H. Stephanus, *Platonis Opera quae extant omnia*, 1578)의 쪽수 및 행수를 나타내는 표기이며, 플라톤의 작품 인용 시 기준이 되는 것이다.

3. 그리스어의 우리말 표기는 고전 시대의 발음에 가깝게 표기했다. 단 우리말로 굳어져 널리 쓰이는 것은 예외로 했다.

4. 그리스어의 로마자 표기에서 ā, ē, ō 옆에 i를 병기한 것이 있는데, 이 i는 그리스어 표 기법상 위의 세 모음 밑에 쓰이는 것(iota subscript)이며, 발음이 되지는 않는다.

5. 본문의 번역어 중에서 그리스어 표기가 필요한 것들은 주석에서 밝히거나 찾아보기에 포함시켰으며, 찾아보기에 있는 용어들은 본문에서만 뽑았다. 그리스어는 로마자로 표기했다.

6. 한 그리스어가 여러 우리말로 번역되는 경우도 있고, 여러 그리스어가 하나의 우리말 로 번역되는 경우도 있다. 이런 사례는 두 종류의 찾아보기, 즉 〈그리스어 – 한국어〉와 〈한국어 – 그리스어〉를 보면 쉽게 알 수 있어서 별도의 표시를 하지 않았다.

크리톤

크리톤

소크라테스, 크리톤

소크라테스 이 시간에 웬일로 왔지, 크리톤? 아직 이르지 않나? 43a

크리톤 물론 이르지.

소크라테스 시간이 얼마나 됐나?

크리톤 어두운 새벽녘[1]이네.

소크라테스 어떻게 해서 감옥의 교도관[2]이 자네를 들여보내 주려 했는지 놀랍군.

크리톤 그는 이미 나와 친숙한 사이라네, 소크라테스. 내가 여길 여러 차례 드나들었으니까. 게다가 나는 그에게 호의를 좀 보이기도[3] 했다네.

소크라테스 그런데 자네는 방금 왔나, 아니면 온 지 한참 됐나?

크리톤 꽤 한참 됐네.

소크라테스 그러면 어째서 곧바로 날 깨우지 않고 말없이 앉아 b

만 있었나?

크리톤 단연코 나는 자넬 깨우고 싶지 않았네, 소크라테스. 바로 내가 자네라 해도 심한 불면 상태와 고통 속에 있고 싶지는 않았을 테지만, 자네가 얼마나 달게 자고 있는지를 보면서 사실 나는 한동안 놀라워하고 있었다네. 그래서 자네가 가능한 한 즐겁게 시간을 보내도록 일부러 자넬 깨우지 않았던 거네. 나는 평생을 살면서[4] 전에도 여러 차례 자네의 성향 때문에 자네가 행복한 사람이라고 생각하긴 했지만, 지금 직면한 불운 속에서 자네가 이를 얼마나 수월하고 차분하게 견뎌 내는지를 보고는[5] 훨씬 더 그렇게 생각하고 있다네.

소크라테스 크리톤, 곧 죽어야 한다고 해서 내 나이[6]에 화를 내는 건 적절하지 못할 것이네.

c 크리톤 소크라테스, 자네 나이가 된 다른 사람들도 그와 같은 불운에 사로잡히지만, 그들의 경우는 나이가 당면한 운명에 대해 화내는 일이 없도록 만들어 주지는 못하네.

소크라테스 그렇긴 하지. 그런데 자네는 왜 이렇게 일찍 온 거야?

크리톤 소크라테스, 슬픈 소식을 갖고 왔네. 내가 보기에, 자네에겐 슬픈 소식이 아니겠지만, 나를 비롯한 자네의 친구들 모두에게는 슬프고 참담한 소식이네. 내가 생각하기에, 이것은 누구보다도 내가 견뎌 내기에 가장 참담한 소식일 것이네.

소크라테스 무슨 소식이지? 그 배가 델로스에서 도착했는가? 그 d
게 도착하면 내가 죽게 되어 있는 바로 그 배 말이야.[7]

크리톤 실은 도착한 건 아니네. 내가 생각하기에는 오늘 도착할
거야. 수니온[8]에서 그 배를 떠나 온 어떤 이들이 전해 준 소식에
따르면 말일세. 소식을 전해 준 이 사람들에 의하면 분명한 건,
그 배는 오늘 도착할 것이고, 소크라테스, 자네는 내일 생을 마
칠 수밖에 없으리라는 거네.

소크라테스 크리톤, 신들이 그렇게 되기를 바란다면, 행운이 함
께하여,[9] 그렇게 되어야 하겠지. 하지만 나는 그 배가 오늘 도착
하지는 않을 거라고 생각하네.

크리톤 무슨 근거로 그렇게 생각하지? 44a

소크라테스 말해 주겠네. 나는 그 배가 도착한 다음 날 죽게 되
어 있을 거야.

크리톤 이 일을 관장하는 자들[10]이 적어도 그렇게 말한다는 것은
확실하네.

소크라테스 그러니까 다가오는 날[11]이 아니라 그다음 날에 그 배
가 도착하리라고 나는 생각하네. 내가 이렇게 판단하는 것은 이
밤에 조금 전 꾼 꿈[12]에 근거해서네. 자네는 때마침 나를 깨우지
않았던 것 같네.

크리톤 무슨 꿈이지?

소크라테스 내가 생각하기에는, 어떤 절세미인이 흰 옷을 입고 b

내게 다가와 나를 부르고서는 말을 했네. "소크라테스,
당신은 셋째 날[13]에 비옥한 프티아에 도착할 겁니다."[14]

크리톤   거참 묘한 꿈이군, 소크라테스.

소크라테스   하지만 그 의미는 분명하네, 크리톤. 적어도 내가 생각하기에는 말일세.

크리톤   너무도 분명한 것 같군. 하지만 이봐! 소크라테스, 지금이라도[15] 내 말에 따라 자신을 구하도록 하게. 자네가 죽으면, 그것은 내게 하나의 불운으로만 그치는 게 아니네. 나는 결코 다시는 찾을 수 없을 그런 친구를 잃게 될뿐더러,[16] 나와 자네를 확실히 알지 못하는 많은 사람은 내가 돈을 쓰고자 했다면 자네를 구할 수 있었는데도 내가 신경을 쓰지 않았다고 판단할 것이네. 그런데 친구보다 돈을 더 중시한다고 생각되는 것보다 더 부끄러운 평판이 있을 수 있겠는가? 사실 다수의 사람[17]은 우리가 애썼는데도 불구하고 자네 자신이 이곳에서 떠나고자 하지 않았다고는 믿지 않을 것이네.

소크라테스   그런데 여보게! 크리톤, 왜 우리는 다수의 판단[18]에 그토록 신경을 쓰는 건가? 우리가 더 주목할 만한 아주 훌륭한 사람들은 우리가 한 일을 실제로 있었던 대로 생각할 것이네.

크리톤   하지만 소크라테스, 불가피하게 다수의 판단에도 신경을 써야 한다는 것을 자네는 물론 알고 있네. 바로 현재의 자네 상황은 이 점을 분명히 해 주네. 다수의 사람은, 자신들 앞에서 누

군가가 비방거리가 되어 온 경우 이 사람에게 가장 작은 해가 아
니라 사실상 가장 큰 해를 줄 수 있다는 것을 말이네.

소크라테스　크리톤, 다수의 사람이 가장 큰 해를 줄 수 있었으면
하네. 그러면 그들은 가장 큰 이로움도 줄 수 있을 테니까.[19] 그
건 훌륭한 일일 것이네. 하지만 실상 그들은 이 둘 가운데 어느
것도 할 수 없다네. 그들은 사람을 분별 있게도 무분별하게도 만
들 수 없고, 닥치는 대로 아무 일이나 하기 때문이네.[20]

크리톤　그건 그렇다고 하세. 하지만 소크라테스, 내게 대답해 　　e
주게. 자네는 나를 비롯한 자네의 친구들을 염려하는 건 아닌
지? 자네가 여기서 나가면 기소를 일삼는 사람들[21]이 우리가 자
네를 몰래 빼냈다는 이유로 우리를 곤경에 처하게 하고, 우리가
전 재산이나 많은 돈을 잃거나 이에 더하여 그 밖의 어떤 일을
겪지 않을 수 없게 될까봐 말이네. 자네가 이와 같은 어떤 걸 두 　　45a
려워하는 것이라면 그건 제쳐 두게나. 우리가 자넬 구해 내는 데
는 이런 위험을, 혹은 필요하다면 이보다 한결 더 큰 위험이라도
무릅쓰는 것이 정의롭다네. 그럼 내 말에 따르고, 달리 행하지는
말게.

소크라테스　크리톤, 나는 그것뿐만 아니라 그 밖의 많은 것도 염
려하고 있네.

크리톤　그런 건 두려워하지 말게. 돈을 받고서 자네를 여기서
빼내어 구해 주려는 몇몇 사람이 있는데, 이들이 큰돈을 요구하

는 것도 아니니까. 그리고 기소를 일삼는 자들 따위는 아주 값싸서 이들을 다루는 데 큰돈이 필요하지 않다는 걸 자네는 알지 않는가? 내가 생각하기에는 내 돈이면 충분하며, 그건 자네 돈이라네.[22] 더 나아가 내가 걱정돼서 내 돈을 써서는 안 된다고 생각한다면, 여기 이 외국 손님들이 돈을 쓸 용의가 있네. 그중 한 명인 테베 출신의 심미아스[23]는 바로 그 일을 위해 충분한 돈을 가져왔네. 그리고 케베스와 그 밖의 아주 많은 사람이 돈을 쓸 용의가 있다네.

그러니 내가 말하듯이, 그런 것이 두려워서 자신을 구하는 데 주저하지도 말고, 자네가 법정에서 한 말, 즉 자네가 추방되면 어떻게 지낼지 알 수 없다고 한 말[24]에 구애받지도 말게나. 자네가 도착하는 여러 곳에서 사람들이 자네를 반길 것이네. 자네가 테살리아[25]로 가고 싶다면, 거기에서는 내 친구들이 자네를 귀하게 여기고 안전하게 지켜 주어 테살리아 사람들 가운데 아무도 자넬 괴롭히지 못할 것이네.

더 나아가, 소크라테스, 내가 생각하기에 자네가 하려는 일, 즉 자신을 구할 수 있는데도 자신을 포기하는 일은 정의롭지도 못하네. 자네는 자신의 적들이 자네를 없애고 싶어서 서둘렀던, 그리고 그들이 서두를 그런 일이 자네 자신에게 일어나도록 서두르고 있는 것이네. 게다가 내가 생각하기에 자네는 자신의 아들들도[26] 버리는 것이네. 자네는 그들을 양육하고 교육시킬 수 있는데도 그들을 남겨 두고 떠나 버릴 것이고, 그들은 자네가 관여할 수도 있었을 일들에서 되는 대로 살아갈 것이네. 그들은 고아들이 고아 처지에서 갖곤 하는 그러한 운명을 가질 법하네. 자식들을 낳질 말거나, 아니면 그들을 양육하고 교육시키며 그들과 함께 끝까지 고난을 견뎌 내야 하네. 그런데 자네는 가장 안이한 길을 택하고 있다고 나는 생각하네. 특히 일평생 덕에 마음을 써 왔노라고 주장해 온 사람으로선[27] 훌륭하고 용기 있는 사람이 택할 길을 택해야 하네.

나로서는 자네와 자네의 친구들인 우리들을 위하는 마음에서 부끄러워하고 있다네. 자네와 관련된 모든 일이 우리 쪽[28]이 용 e 기가 없어서 벌어진 것이라고 사람들이 판단하지나 않을까 해서지. 이를테면 소송사건이 재판에 회부되지 않을 수 있었는데도 회부된 일[29]과 재판 자체가 이루어진 과정[30]이 그러하네. 그리고 최종적으로 우리의 처신을 웃음거리로 만들 이런 일, 즉 우리가 탈옥 기회를 놓친 것이 그러하네. 사람들이 판단하기에는[31] 이 일이 일어난 것은 우리 쪽이 형편없고 용기가 없기 때문일 것이네. 우리가 조금이라도 쓸모가 있다면 자네를 구할 수 있을 텐 46a 데도 우리가 자네를 구하지도 자네가 자신을 구하지도 못했으니 말이네.

소크라테스, 이런 일들이 자네와 우리에게 해가 되고 부끄러운 게 되지 않도록 주의하게나. 그럼 숙고해 보게. 아니, 이제는 그럴 때가 아니고 숙고를 마쳤어야 할 때이네. 숙고의 결론은 한 가지네. 다가올 밤에 이 모든 것을 실행해야 하네.[32] 만일 계속 지체한다면 결코 더는 실행할 수가 없네. 어떻게든 내 말에 따르고, 결코 달리 행하지는 말게나.

b **소크라테스** 친애하는 크리톤, 자네의 열의가 어떤 옳음을 동반하고 있다면, 그것은 크게 가치가 있네. 하지만 그렇지 않다면, 그 열의가 더하면 더할수록 그만큼 더 그것은 내게 곤혹스러운 것이네. 그러니 우리는 그렇게 실행해야 할지, 말아야 할지를 고찰해야 하네.

나는 이제 처음이 아니라 언제나, 추론해 볼 때 내게 가장 좋은 것으로 보이는 원칙[33] 이외에는 내게 속해 있는 다른 어떤 것에도 따르지 않는 그런 사람이기 때문이네. 그러니 내게 이런 운명이 닥쳤다고 해서 내가 이전에 말한 원칙들을 지금 내던져 버릴 수는 없네. 그것들은 내게 이전과 거의 같아 보이며, 나는 바c 로 그 동일한 원칙들을 이전처럼 우선시하고 존중하네. 만일 지금 우리가 이것들보다 더 좋은 것들을 제시할 수 없다면, 나는 자네에게 동의하지 않으리라는 걸 잘 알아 두게. 다수의 힘이, 마치 어린아이를 다루듯 우리를 지금보다 더 많은 도깨비들로, 즉 투옥과 사형과 재산 몰수로 겁을 줄지라도[34] 동의하지 않을 것이네.

그렇다면 어떻게 우리가 우리의 문제를 가장 적절하게 고찰할

28

수 있겠는가? 먼저 사람들의 판단들에 관해 자네가 하는 말[35]을 살펴보면 어떨까 싶네. 판단[36]들 가운데 어떤 것에는 주의를 기 d 울여야 하되 어떤 것에는 그렇게 해서는 안 된다[37]고 늘 우리가 한 말은 맞는 말인가,[38] 아닌가? 내가 죽어야만 하는 상황에 이르기 전에는 그것이 맞는 말이었지만, 이제는 그것이 그저 말을 위해 헛되이 한 말이고 정말로 장난이나 허튼소리라는 게 분명해졌는가? 크리톤, 나로서는 자네와 함께 다음과 같은 점을 검토하고 싶은 것이네. 내가 이런 처지에 있으므로 그 말이 어떤 점에서 내게 이전과는 꽤 달리 보일지, 아니면 같은 것으로 보일지, 그리고 우리는 그 말을 제쳐 둘지, 아니면 그 말에 따를지를 말일세.

자신들이 이치에 맞는 말을 한다고 생각한 사람들은 어쨌든, 내가 방금 말했듯이, 사람들이 갖고 있는 판단들 가운데 어떤 것 e 은 중시해야 하지만 어떤 것은 그래선 안 된다고 늘 말하곤 했다고 나는 생각하네. 크리톤, 진정코 자네는 그 말이 맞다고 생각하지 않는가? 인간사에서 있을 수 있는 한[39] 자네는 내일 죽게 되어 있지는 않은 것 같고,[40] 그래서 현재의 불운이 자네의 판단을 47a 그르치지는 않을 테니까 묻는 것이네. 그럼 고찰해 보게. 자네가 생각하기에, 사람들의 모든 판단을 존중할 것이 아니라, 어떤 것은 그렇게 해야 하되 어떤 것은 그렇게 해선 안 되고, 또한 모든 사람의 판단들을 존중할 것이 아니라 어떤 사람의 것은 그렇게 해야 하되 어떤 사람의 것은 그렇게 해서는 안 된다는 것은 적당한 말이 아닌가? 뭐라 말할 것인가? 이것은 맞는 말이 아닌가?

크리톤　맞는 말이네.

소크라테스　그러면 좋은 판단들은 존중해야 하되, 나쁜 판단들은 그렇게 해서는 안 되지 않겠는가?

크리톤　그러하네.

소크라테스　그런데 좋은 판단들은 분별 있는 사람들의 것들이지만, 나쁜 판단들은 어리석은 사람들의 것들이 아니겠는가?

크리톤　어찌 그렇지 않겠는가?

소크라테스　자, 그러면 이런 것들에 대해서는 우리가 어떻게 말하곤 했는가? 체육을 하는 사람이나 이 일을 직업으로 삼는 사람[41]은 모든 사람의 칭찬과 비난과 판단에 주의를 기울이는가, 아니면 오직 의사이거나 체육 선생[42]인 한 사람의 판단에 주의를 기울이는가?

크리톤　오직 한 사람의 판단이지.

소크라테스　그러면 다수의 사람이 아니라 그 한 사람의 비난을 두려워하고 그의 칭찬을 반겨야 하네.[43]

크리톤　아주 분명하네.

소크라테스　그러니까 그는 다른 모든 사람보다는 오히려 관리자이며 전문 지식을 가진 한 사람이 좋다고 판단하는 대로 행하고 운동하고 먹고 마셔야 한다네.

크리톤 그야 그렇지.

소크라테스 그렇고말고. 그런데 만일 그가 그 한 사람에게 불복 　　c
종하고 그의 판단과 칭찬을 존중하지 않은 채, 전혀 전문 지식을
갖지 못한 다수의 판단과 칭찬을 존중한다면, 그는 아무런 해도
입지 않겠는가?

크리톤 어찌 그렇겠는가?

소크라테스 그 해란 무엇이며, 그것은 어디에, 그러니까 그 불복
종자의 어떤 부분에 영향을 미치는가?

크리톤 분명 몸에 영향을 미치네. 몸을 망치니까.

소크라테스 맞는 말이네. 크리톤, 그 밖의 영역에서도 그러하지
않겠는가? 모든 걸 살펴보는 걸 피하기 위해 특히 우리가 지금
숙고하고 있는 정의로운 것[44]과 정의롭지 못한 것, 부끄러운 것
과 아름다운 것, 좋은 것과 나쁜 것과 관련해서[45] 살펴보세. 이것 　　d
들과 관련해서 우리는 다수의 판단을 따르고 이것을 두려워해야
하는가, 아니면 한 사람의 판단에 대해서 그렇게 해야 하는가?
그 밖의 모든 사람 앞에서보다도 그 앞에서 더 부끄러워하고 더
두려워해야 할, 전문 지식을 가진 어떤 사람이 있다면 말이네.[46]
우리가 그의 판단을 따르지 않는다면, 정의로운 것에 의해서는
더 좋게 되고 정의롭지 못한 것에 의해서는 파멸된다고 하던 대
상[47]을 파괴하고 손상시킬 것이네. 아니면 이는 허튼소리인가?

크리톤 나로서는 그렇게 되리라고 생각하네, 소크라테스.

소크라테스   자 그러면, 건강을 돕는 것에 의해서는 더 좋아지지만 질병을 낳는 것에 의해서는 파괴되는 대상을 전문 지식이 있는 사람들의 판단에 따르지 않음으로써 망친다면, 그것이 파괴되었는데도 우리의 삶은 살 만한 가치가 있을까? 그런데 바로 그것은 분명 몸이네. 그렇지 않은가?

크리톤   몸이지.

소크라테스   그러면 우리가 형편없고 파괴된 몸을 지닐 경우 우리의 삶은 살 만한 가치가 있을까?

크리톤   결코 그렇지 않네.

소크라테스   하지만 정의롭지 못한 것에 의해서는 손상되고 정의로운 것에 의해서는 이로움을 얻는 대상이 파괴되었을 경우에는 우리의 삶이 살 만한 가치가 있을까? 혹은 우리는 그 대상이 몸보다 하찮다고 여기는가? 정의나 부정의에 관계를 하는 것으로서, 우리에게 속해 있는 그것이 도대체 무엇이든 간에 말이네.

크리톤   결코 그렇지 않네.

소크라테스   그럼 더 귀한가?

크리톤   훨씬 더 귀하네.

소크라테스   그러면, 더없이 훌륭한 친구여, 우리는 다수의 사람이 우리에 대해 뭐라고 말할 것인지에 그토록 크게 주목할 게 아니라, 정의로운 것들과 정의롭지 못한 것들에 관해 전문 지식을 가진 한 사람과 진리 자체가 뭐라고 말할 것인지[48]에 주목해야 하네. 그러니 우선, 자네가 정의로운 것들과 아름다운 것들 및 좋은 것들 그리고 이것들과 상반된 것들에 관해 다수의 판단에 주목해야 한다고 권고를 할 때 자네는 옳게 권고하는 것이 아니네. "하지만 분명 다수의 사람은 우리를 죽일 수 있다"[49]고 누군가가 말할지도 모르네.

크리톤 그것도 분명하네. 정말 누군가가 그렇게 말할지도 모르니까, 소크라테스. b

소크라테스 맞는 말이네. 하지만 놀라운 친구여, 우리가 검토해온 그 원칙[50]은 내게 여전히 이전과 같아 보이네. 그럼 이번에는, 사는 것이 아니라 훌륭하게 사는 것을 가장 중시해야 한다[51]는 것이 여전히 우리에게 유효한지 아닌지를 고찰해 보게.

크리톤 여전히 유효하네.

소크라테스 그리고 훌륭하게 사는 것과 아름답게 사는 것과 정의롭게 사는 것이 같다[52]는 건 유효한가 아닌가?

크리톤 유효하네.

소크라테스 그러면 합의된 것들에 근거하여 우리는 이것을 고찰해야 하네. 아테네인들이 나를 석방해 주지 않았는데도 내가 여기서 나가려 시도하는 것이 정의로운지 정의롭지 못한지를 말일세. 그래서 만일 정의로운 것으로 드러나면 우리는 시도를 해 보되, 그렇지 않으면 그만두도록 하세. 그런데 크리톤, 돈의 지출과 평판 및 아이들의 양육에 관해 자네가 말하는 고려 사항들은 c

사실상 다수의 사람이, 즉 쉽사리 사람들을 죽이고 그들을 할 수 있다면 아무런 분별없이 다시 살려 내기도 할 다수의 사람이 고려하는 것들이 아닐까 싶네. 우리로서는, 논의가 요구하고 있으니, 방금 말한 것만을 고찰해야 할 성싶네. 여기서 나를 빼내 줄 사람들에게 돈을 지불하고 감사의 뜻을 전하며 우리 자신이 나

d 를 빼내는 일을 하고 이 일에 도움을 받는다면 우리가 정의로운 일을 하는 것일지, 아니면 이 모든 일을 할 경우 우리가 실은 정의롭지 못한 짓을 하는 것일지 말일세. 만일 그 일을 함에 있어 분명 우리가 정의롭지 못한 짓을 하는 것이라면, 이 짓을 하는 것에 대해서 먼저 심사숙고를 해야지, 이에 앞서 여기 머무르며 가만히 있다가 죽어야 하는지, 혹은 그 밖의 어떤 일을 겪어야 하는지에 대해 심사숙고를 해서는 안 될 것 같네.

크리톤 자네의 말이 맞다고 나는 생각하네, 소크라테스. 하지만 우리가 뭘 해야 할지 생각해 보게.

소크라테스 여보게, 함께 생각해 보세. 그리고 내가 말할 때 어

e 떻게든 자네가 반박을 할 수 있다면 반박하게. 나는 자네의 말에 따를 것이네. 하지만 자네가 그렇게 할 수 없다면, 이보게, 아테네인들이 기꺼워하지 않더라도 내가 여기서 떠나야 한다고 똑같은 주장을 거듭해서 내게 내세우는 걸 당장 멈춰 주게나. 나는 자네가 기꺼워하지 않는 상태에서가 아니라 자네가 설득을 받아들인 상태에서 내 생각대로[53] 행하는 게 중요하다고 여기네. 그

러면 우리의 고찰의 출발점이 자네가 보기에 만족할 만하게 이 야기되는 것인지 지켜보게. 그리고 최대한 자네가 생각한 대로 49a 질문에 대답해 보게나.[54]

크리톤 그렇게 해 보겠네.

소크라테스 우리는 어떤 경우에도 자발적으로 정의롭지 못한 짓을 해서는 안 된다고 주장하는가, 아니면 어떤 경우에는 정의롭지 못한 짓을 하되 어떤 경우에는 해선 안 된다고 주장하는가? 우리가 앞서 여러 차례 합의했듯이, 정의롭지 못한 짓을 하는 것은 결코 좋은 것도 아름다운 것도 못 되는가? 아니면 우리는 앞서 합의한 그 모든 것을 요 며칠 사이에 다 잊어 버리고, 크리톤, 이 나이에 우리가 서로 진지하게 대화를 나누다가 우리 자신도 모르는 사이에 한참 전에 어린아이들과 전혀 다를 바가 없게 된 것인가? 사실상 우리가 아까 말한 대로라는 게 아주 명백한가? b 즉 다수의 사람이 우리에게 동의하든 안 하든, 우리가 지금 겪는 것보다 한결 더 혹독한 일을 겪어야 하든 더 가벼운 일을 겪어야 하든, 정의롭지 못한 짓을 하는 것은 그 짓을 하는 사람에게 모든 경우에 나쁘고 부끄러운 것인가? 우리는 이렇게 주장하는 건가, 아닌가?

크리톤 우리는 그렇게 주장하네.

소크라테스 그러면 결코 정의롭지 못한 짓을 해서는 안 되네.

크리톤 분명 안 되고말고.

소크라테스 그러니 정의롭지 못한 짓을 당하더라도, 다수의 사람이 생각하듯이, 보복으로 정의롭지 못한 짓을 해서도 안 되네.[55] 정의롭지 못한 짓은 결코 해서는 안 되기 때문이네.

c   크리톤 그래서는 안 될 것으로 보이는군.[56]

소크라테스 그러면 다음은 어떤가? 해를 입히는 일은 해야 하는가, 크리톤, 아니면 해서는 안 되는가?

크리톤 분명 해서는 안 되네. 소크라테스.

소크라테스 다음은 어떤가? 해를 입을 경우, 다수의 사람이 말하듯이, 보복으로 해를 입히는 것은 정의로운 것인가, 정의롭지 못한 것인가?

크리톤 결코 정의롭지 못하네.

소크라테스 아마도 사람들을 해롭게 하는 것은 정의롭지 못한 짓을 하는 것과 전혀 다르지 않기 때문이네.

크리톤 맞는 말이네.

소크라테스 그러니까 어떤 사람에게든 보복으로 정의롭지 못한 짓을 해서도, 해롭게 해서도 안 되네. 그들한테서 무슨 해를 입

d   든 말이네. 크리톤, 자네가 이것들에 동의할 때 자네의 판단에 어긋나게 동의하지 않도록 주의하게나. 소수의 사람만이 이런 판단을 하며 장차도 그럴 것이라고 나는 알고 있으니까. 그런데 이렇게 판단하는 사람들과 이렇게 판단하지 않는 사람들은 공동의 논의 기반[57]을 갖지 못하며, 상대방의 숙고 결과를 볼 경우 서

로 무시할 수밖에 없다네. 그러니 자네도 주의 깊게 고찰해 보게. 자네는 그것들[58]을 나와 공유하고 나처럼 판단하고 있는지? 그리고 우리는 그것들로부터 숙고를 시작해야 할지? 정의롭지 못한 짓을 하는 것도, 보복으로 정의롭지 못한 짓을 하는 것도, 해를 입었을 때 보복으로 해롭게 하여 자신을 지키는 것도 결코 옳지 않다는 것으로부터 말이네. 아니면 자네는 이런 출발점[59]을 거부하고 그것을 나와 공유하지 않는 것인지? 나는 오랫동안 그렇게 판단해 왔을 뿐[60] 아니라 지금도 여전히 그러하네. 만일 자네가 어떻게든 달리 판단하고 있다면, 내게 말하고 가르쳐 주게. 하지만 만일 자네가 앞서 우리가 논의한 것들을 고수한다면, 그 다음 것에 귀를 기울이게나.

크리톤 물론 나는 그것을 고수하며 그것에 대해 자네처럼 판단하고 있네. 그러니 말해 보게.

소크라테스 그럼 그다음 것을 말하겠네. 아니 오히려 물어보겠네. 누군가가 다른 누군가와 합의한 것들이 정의롭다면, 그는 그것들을 이행해야 하는가,[61] 아니면 상대방을 속여야 하는가?

크리톤 이행해야 하네.

소크라테스 그러면 이것들에 근거해서 살펴보게나.[62] 우리가 나라를 설득하지 않고 여기서 떠난다면, 어떤 이들을, 그것도 특히나 해롭게 해서는 안 될 이들[63]을 해롭게 하는 것인가, 아닌가? 그리고 우리는 우리가 합의한 정의로운 것들을 준수하는 것인가, 아닌가?

크리톤 소크라테스, 나는 자네가 묻는 것에 대답할 수가 없다네. 나는 그것을 이해하지 못하고 있거든.

소크라테스 그러면 이렇게 고찰해 보게. 법률과 국가 공동체가 여기서 달아나려는 — 이를 어떻게 표현하든 — 우리에게 다가와 앞에 서서 다음과 같이 말한다고 가정해 보세.

"소크라테스, 내게 말해 보시오. 당신은 무엇을 하려는 것이오? 당신이 착수하려는 이 일로, 당신은 당신이 관여할 수 있는한, 법률인 우리와 나라 전체[64]를 파멸시킬 작정이 아니오? 당신이 생각하기엔 어떤 나라에서 법정 판결들이 무력하게 되고 개인들에 의해 효력을 상실하고 파기된다면, 이 나라가 전복되지않고 계속 존립할 수 있겠소?"

크리톤, 우리는 이런 물음과 이런 유의 그 밖의 물음에 뭐라말할 것인가? 내려진 판결이 효력을 가져야 함을 규정하는 법[65]이 파멸될 때 누군가는, 특히 수사가는 이 법을 옹호하여 많은말을 할 수 있을 것이네.

우리는 그들에게 "나라가 우리에게 정의롭지 못한 짓을 하고 판결을 옳게 내리지 못했기 때문입니다"라고 말할 것인가? 이렇게 말할 것인가, 아니면 뭐라 말할 것인가?

크리톤 단연코 그렇게 말할 것이네, 소크라테스.

소크라테스 그러면 법률이 다음과 같이 말한다면 어떤가? "소크라테스, 이것[66]도 우리와 당신 사이의 합의 사항이오? 아니면 국가가 내린 판결을 준수한다는 것이 합의 사항이오?"

만일 법률이 하는 말에 우리가 놀라면, 법률은 아마도 이렇게 말할 것이네. "소크라테스, 우리의 말에 놀라지 말고 대답해 주시오. 사실 당신은 묻고 답하는 데 익숙하니 말이오.[67] 자, 당신은 우리와 나라에 무슨 잘못을 탓하여 우리를 파멸시키려 드는 거요? 우선 우리는 당신이 태어나게 해 주지 않았소? 즉 우리 덕택에 당신의 아버지가 당신의 어머니와 결혼해서 당신을 낳은 게 아니오? 그러니 말해 보시오. 혼례에 관한 우리의 이 법률이 잘못되었다고 뭔가 흠을 잡는 건가요?"

나로서는 "제가 그것들에 대해 흠을 잡는 것은 아닙니다"라고 말할 것이네.

"그럼 태어난 아이의 양육과 교육, 당신도 받은 이런 것에 관한 법률에 대해 흠을 잡는 겁니까? 이 분야에 할당된 우리의 법률이 당신의 아버지로 하여금 당신에게 시가와 체육 교육[68]을 시키도록 명했을 때, 이 법률은 명령을 잘한 게 아니오?"

"잘한 겁니다"라고 나는 말할 것이네.

"좋습니다. 당신은 우리에 의해 태어나고 양육받고 교육받았으니, 우선 당신의 조상과 마찬가지로 당신 자신도 우리의 자손이며 노예라는 것을 부정할 수 있겠소? 그리고 이것이 사실이라면, 정의로운 것이 당신과 우리에게 대등하고, 그래서 우리가 당신에게 하려는 것이 무엇이든 이를 당신이 우리에게 되갚아 행하는 것이 당신에게도 정의롭다고 생각하오? 정의로운 것이 당신과 당신의 아버지 사이에서, 혹은 당신에게 주인이 있었다면 당신과 당신의 주인 사이에서 대등하지 않으므로, 당신은 당신

51a 이 겪은 것을 되갚아 행할 수 없었을 것이오. 싫은 소리를 들었다고 해서 말대꾸할 수도 없었을 것이고, 맞았다고 해서 되받아서 때릴 수도 없었을 것이며, 그 밖에 이런 유의 수많은 경우에도 그랬을 것이오. 하지만 조국과 법률에 대해서는 당신이 그런 일[69]을 하는 것이 허용될 수 있겠소? 그리하여 우리가 당신을 파멸시키는 게 정의롭다고 생각해서 우리가 그렇게 하려 하면, 당신도 우리 법률과 조국을 가능한 한 보복으로 파멸시키려 하고, 또한 당신은 진정으로 덕에 마음을 쓰는 자로서,[70] 이런 일들을 하면서도 정의로운 일들을 행하는 거라고 주장하겠소? 당신은

b 그리도 지혜로워서, 신들과 지각 있는 사람들에게 조국이 어머니나 아버지 혹은 그 밖의 모든 조상보다도 더 영예롭고 더 존엄하며 더 성스럽고 더 존귀하게 여겨진다는 것을, 그리고 다음과 같은 것을 알지도 못했단 말이오?[71] 아버지보다도 조국을 더 받들고 더 순종하며 조국이 격노할 때 더 달래 드려야 한다는 것, 조국을 설득하거나 아니면 조국이 명령하는 것은 무엇이든 이행해야 한다는 것, 조국이 무언가를 겪어 내라고 지시하면 두들겨 맞는 것이든 투옥되는 것이든 잠자코 겪어 내야 한다는 것, 조국

40

이 당신을 전쟁터로 이끌어 당신이 부상을 당하거나 죽게 되더라도 지시 사항을 이행해야 한다는 것, 정의로운 것이란 그와 같다는 것을, 그리고 굴복하거나 후퇴하거나 제 위치를 떠나서는 안 되고, 전쟁터에서나 법정에서나 그 어디에서나 나라와 조국이 명하는 것은 무엇이든 이행하거나 아니면 정의로운 것이 본 c래 어떠한지에 대해 나라를 설득해야 한다는 것을 말이오. 그리고 당신의 어머니나 아버지에게 폭력을 쓰는 것도 경건하지 못한 일이지만, 이들에게보다 조국에 폭력을 쓰는 것[72]은 한결 더 경건하지 못하다는 것을 말이오."[73]

  우리는 이 물음에 뭐라고 말할까, 크리톤? 법률이 하는 말이 맞는가, 맞지 않은가?

크리톤 나로서는 맞다고 생각하네.

소크라테스 법률은 아마 말할 것이네. "소크라테스, 그럼 고찰해 보시오. 우리가 하는 말들이 맞다면, 당신이 지금 하려는 일에 관한 한 당신은 우리에게 정의롭지 못한 짓을 하려는 것이라는 점을 말이오. 우리는 당신이 태어나고 양육받고 교육받게 해 주고, 우리가 나눠 줄 수 있는 온갖 훌륭한 것을 당신과 그 밖의 모든 시민에게 나눠 주었소. 그렇게 하고서도 우리는 이런 공표를 d하고 있소. 일단 아테네인이 시민으로 인정받고[74] 나라에서 시행되는 일들과 법률인 우리를 살펴보고 나면, 원하는 사람은 누구든 일정한 권한[75]을 부여받아, 우리가 자신에게 만족스럽지 못하면 자신의 소유물을 갖고서 원하는 곳으로 떠날 수 있다고 말이오. 또한 우리와 나라가 만족스럽지 못하다면, 당신들 가운데 누군가가 식민지로 가고 싶어 하든 다른 어떤 곳으로 가서 거류민으로 살고 싶어 하든 자신의 소유물을 갖고서 그가 원하는 곳으로 가는 것을 법률인 우리 중 어느 하나도 방해하거나 금하지도 않소.

그러나 당신들 가운데 누구라도 우리가 판결을 내리는 방식이나 그 밖의 일들에서 나라를 경영하는 방식을 보면서도 머물러 있다면, 이미 그는 우리가 명하는 것들을 이행하기로 그런 행위에 의해[76] 우리와 합의한 것이라고 우리는 말하오. 그리고 복종하지 않는 자는 세 가지 방식으로 정의롭지 못한 짓을 하는 것이라고 말하오. 그건 태어나게 해 준 우리에게 그가 복종하지 않기 때문이고, 양육받게 해 준 우리에게 복종하지 않기 때문이며, 또한 우리에게 복종하기로 합의하고서 복종하지도 않고, 우리가 뭔가를 잘못하는 경우 우리를 설득하지도 않기 때문이오. 우리는 이런 대안을 제시하고 명령한 것들을 이행하도록 거칠게 지시하지도 않았는데 말이오. 우리는 두 선택지 중 하나를, 즉 설득하거나 아니면 이행하는 걸 허용했는데, 그는 이것들 중 어느 것도 하지 않는 것이오. 그런데 소크라테스, 당신이 마음먹고 있는 것을 정말 행한다면 당신도 그 비난들을 받되, 아테네인들 가운데서 가장 적게 받는 게 아니라 그들 가운데 누구보다도 가장 많이 받을 것이라는 게 우리의 주장이오."

내가 "무엇 때문입니까?"라고 물으면, 아마도 그들은 아테네 인들 가운데 누구보다도 내가 자신들과 그런 합의를 했다고 말 하면서 꾸짖을 것인데, 이는 정당하네. 그들은 이렇게 얘기할 테   b 니까.

"소크라테스, 우리와 나라가 당신에게 만족스러웠다는 큰 증 거가 우리에게 있소. 만일 이 나라가 당신에게 특별히 만족스러 웠던 게 아니라면, 당신이 다른 어떤 아테네인보다도 특별히 이 나라에 머물러 있지는 않았을 것이기 때문이오. 당신은 한 번 이 스트모스[77]로 간 것 빼고는 축제 구경을 위해 이 나라를 떠난 적 도 없고, 어딘가로 출정하기 위해 떠나는 경우[78]가 아니면 다른 어떤 곳으로 간 적도 없고, 또한 다른 사람들처럼 외국 여행을 한 적도 없고, 다른 나라나 다른 나라의 법률에 대해 알고자 하 는 욕구가 당신을 사로잡지도 않았고, 당신에게는 우리와 우리 나라로 충분했소. 당신은 그렇게 열렬히 우리를 택하고 우리의   c 지배 아래 시민으로 살기로 합의했으며, 특히 이 나라에서 아이 를 낳았는데, 이는 당신에게 이 나라가 만족스러웠기 때문이오. 더욱이 바로 재판 당시 당신이 원했다면 당신은 추방형을 제의 할 수 있었을 것이오.[79] 즉 지금은 나라가 기꺼워하지 않는 가운 데 당신이 하려는 것을 그 당시는 나라가 기꺼워하는 가운데 할 수 있었을 것이오. 당신은 그 당시 자신이 죽어야만 한다고 해도

화를 내지 않을 거라면서 자신을 돋보이게 했고, 당신이 주장한 대로, 추방보다는 죽음을 택했소. 그러나 이제는 그 말을 부끄러워하지도 않고, 법률인 우리를 존중하지도 않고 있소. 당신은 우리를 파괴하려 하니 말이오. 그리고 당신은 가장 하찮은 노예가 할 법한 일을 하고 있소. 당신은 시민으로 살기로 우리와 맺은 계약과 합의에 어긋나게 달아나려 하니 말이오.

그러니 먼저 바로 다음 물음에 대해 우리에게 대답해 보시오. 당신이 우리의 지배 아래서 시민으로 살겠다고 말이 아니라 행위에 의해 우리와 합의했다고 우리가 주장할 때 우리는 맞는 말을 하는 것이오? 아니면 틀린 말을 하는 것이오?"

이 물음에 대해 우리는 뭐라 말해야 할까, 크리톤? 우리가 동의해야 하지 않을까?

크리톤 그럴 수밖에 없군, 소크라테스.

소크라테스 법률은 말할 것이네. "그런데 확실히 당신은 우리 자신과 맺은 계약과 합의를 어기고 있소. 당신이 강요에 의해 합의한 것도, 기만당해 합의한 것도, 잠시만 숙고하도록 강제된 상태에서 합의한 것도 아니고, 70년을 숙고한 끝에 합의한 것인데도 말이오.[80] 이 기간에 우리가 당신에게 만족스럽지 못하거나 합의가 당신에게 정의로운 것으로 보이지 않았다면, 당신은 떠날 수 있었을 것이오. 하지만 당신은 당신이 훌륭한 법을 갖춘[81] 나라라고 줄곧 말하는 라케다이몬도 크레타도,[82] 그 밖에 그리스의 나

44

라들 가운데 어떤 나라도 선택하지 않았고, 이민족 사람들의 나라들 가운데 어떤 나라도 선택하지 않았으며, 다리를 저는 사람이나 눈이 먼 사람이나 그 밖의 장애가 있는 사람들보다도 이 나라를 떠난 적이 적었소. 그러니 다른 아테네인들보다도 당신에게 특별히 이 나라뿐 아니라 법률인 우리도 만족스러웠다는 것이 분명하오. 법률이 없다면 어떤 나라가 누군가에게 만족스러울 수 있겠소? 그럼 이제 당신은 합의된 것들을 준수하지 않겠소? 소크라테스, 만일 당신이 우리의 말을 납득하게 된다면, 당신은 그것들을 준수할 것이고, 이 나라를 떠남으로써 적어도 웃음거리가 되지는 않을 것이오.

자, 고찰해 보시오. 당신이 이것들[83]을 어기고 이런 잘못들 가운데 어떤 잘못을 저지른다면, 당신은 자신이나 자신의 친구들에게 무슨 이로움을 주겠소? 당신 친구들의 경우는, 그 자신들 b 이 추방되고 시민권을 박탈당하고[84] 재산을 잃을 위험에 처하리라는 것이 거의 확실하오. 그런가 하면 당신 자신의 경우는, 우선 가장 가까운 나라들 중 한 나라로 즉 테베나 메가라[85]로 간다면, ─ 이 두 나라는 훌륭한 법을 갖추고 있으니까 ─ 소크라테스, 당신은 그곳의 정치체제에 대해 적이 된 입장에서 그곳에 도착할 것이고, 자신들의 나라를 염려하는 사람들은 당신을 법률의 파괴자로 여겨 의혹의 눈초리를 보낼 것이오. 또한 당신은 당신의 재판관들[86]에게 그들의 판단을 확증해 주어 그들이 옳게 판

c 결을 내렸다고 생각하게 만들 것이오. 아마 틀림없이 법률의 파괴자는 누구라도 적어도 젊은이들이나 어리석은 자들을 타락시키는 자[87]로 간주될 수 있을 테니 말이오. 그러면 당신은 훌륭한 법을 갖춘 나라들과 아주 반듯한 사람들은 피하겠소? 이렇게 하면 당신의 삶은 살 만한 가치가 있겠소? 아니면 당신은 이들에게 다가가서 부끄러운 줄도 모르고 대화를 하겠소? 뭘 화제로 삼겠소, 소크라테스? 당신은 여기서 논하던 바로 그것, 즉 어떻게 덕과 정의와 법적 제도와 법률이 사람들에게 가장 가치가 있는 것인지를 화제로 삼을 것이오? 그리고 소크라테스가 하는 일이 볼

d 썽사납게 보일 것이라고 생각하지 않소? 정말로 당신은 그럴 것이라고 생각해야 하오.

그러면 이곳들[88]에서 떠나 테살리아로 크리톤의 친구들에게 가겠소? 거기에는 극도의 무질서와 방종이 있으며, 아마도 사람들이 당신의 이야기를 재미있게 들을 것이오. 당신이 가죽옷을 입거나 혹은 달아나는 사람들이 걸치곤 하는 그 밖의 것을 입어 변장도 하고 자신의 모습도 바꿔서 얼마나 우습게 감옥에서 달아났는지를 말이오. 그런데 여생도 얼마 남지 않았을 법한 노인네

e 인 당신이 가장 중대한 것인 법률을 어기면서까지 그토록 탐욕스럽게 살고자 욕심을 부려 댔다고 말할 사람이 전혀 없을 것 같소? 혹 당신이 누군가를 괴롭히지 않는다면 그럴지도 모르죠. 하지만 누군가를 괴롭힌다면, 소크라테스, 당신은 자신이 듣지

46

않아도 될 만한 많은 말을 들을 것이오. 그러니 당신은 모든 사
람의 비위를 맞추고 노예살이하며 살 것이오. 마치 성찬을 대접
받으러 테살리아로 가기라도 한 것처럼, 거기에서 그런 대접을
잘 받는 것 말고 무엇을 하며 지낼 것이오? 정의와 그 밖의 덕에   54a
관한 당신의 그 잘 알려진 논의를 우리는 어디에서 접할 수 있겠
소?[89]

실은 당신이 살고자 하는 것은 자식들을 위해, 즉 그들을 양육
하고 교육시키기 위해서인가요? 왜죠? 그들을 테살리아로 데려
가 외국인으로 만들어서 양육하고 교육시켜서 그들도 이것으로
득을 보도록[90] 할 참인가요? 혹은 그 대신에[91] 아이들이 여기서[92]
양육받는 경우, 당신이 그들과 함께 있지 않더라도 당신이 살아
있기만 하면 그들이 더 훌륭하게 양육받고 교육받게 될까요? 당
신의 친구들이 그들을 돌봐 줄 것이니까 말이오. 그런데 당신이
테살리아로 가면 친구들이 아이들을 돌봐 주되, 하데스[93]로 가면
돌봐 주지 않기라도 하겠소? 자네의 친구들이라고 주장하는 사
람들이 정말로 뭔가 쓸모가 있다면, 그들이 돌봐 줄 것이라 생각   b
해야 하오.

자, 소크라테스, 당신의 양육자인 우리의 말에 따라, 자식도,
사는 것도, 그 밖의 어떤 것도 정의로운 것보다 더 중시하지 마
시오. 우리가 보기에, 당신이 하데스에 갔을 때 거기서 다스리는
자들[94] 앞에서 당신 자신을 변호하여 이 모든 것[95]을 내세울 수

있도록 말이오.[96] 우리가 보기에, 당신이 그런 짓[97]을 하는 것은 이승에서 당신에게도 당신에게 가까운 누군가에게도 더 좋거나 더 정의롭거나 더 경건한 일이 못 될 것 같소. 그리고 저승에 갔을 때도 그것은 당신에게 더 좋은 일이 못 될 것이오. 하지만 현 c 상태에서 당신이 떠나간다면,[98] 당신은 정의롭지 못한 일을 당한 상태로 떠나갈 것이오. 법률인 우리한테서가 아니라 사람들한테서 그런 일을 당한 상태로 말이오. 그런가 하면 당신이 아주 부끄럽게도 보복으로 정의롭지 못한 짓을 하고, 보복으로 해를 입히고, 당신 자신이 우리와 맺은 합의와 계약을 어기며, 특히나 해를 주어서는 안 될 이들에게, 즉 당신 자신과 친구들과 조국과 우리에게 해를 주고서 여기서 나간다면,[99] 우리는 당신이 살아 있을 땐 당신에게 화를 낼 것이고, 저승에서는 우리의 형제인 하데스의 법률이 당신을 반겨 맞이하지 않을 것이오. 당신이 관여할 수 있는 한 우리마저 파멸시키려 한 것을 알고서 말이오. 그 d 럼, 크리톤이 우리보다는 그 자신이 말하는 것을 당신이 행하도록 설득하지 못하게 하시오."

친애하는 벗, 크리톤이여! 잘 알아 두게나. 나는 이런 말들이 들리는 것으로 생각하네. 마치 코뤼반테스의 의식에 참여했던 사람들이 아울로스의 소리가 들리는 것으로 생각하듯이 말이네.[100] 그리고 내 귀에서는 바로 이 말소리가 윙윙거리며 내가 다른 것을 들을 수 없게 하네. 알아 두게나. 지금 내가 생각하는 것들에 관한 한, 자네가 그것들에 반대하는 주장을 편다면, 자네의 주장은 헛된 게 될 것이네. 하지만 자네가 뭔가 더 해 볼 게 있다고 생각한다면, 말해 보게.

크리톤   소크라테스, 나는 할 말이 없다네.

소크라테스   그러면 이쯤 해 두게, 크리톤. 그리고 신께서 이렇게   e
인도하시니, 그대로 하세나.

주석

1 어두운 새벽녘 : '어두운 새벽녘'(orthros bathys)이란 새벽이 될 무렵이기
   는 하나 그 직전은 아니고 아직 밤의 어둠이 짙은 때를 가리킨다.

2 감옥의 교도관 : 버넷(J. Burnet, 1977)은 '교도관'(간수, phylax)이 『파이돈』
   에서 언급된 '문지기'(thyrōros, 59e)보다는 오히려 소크라테스에게 친절
   히 대해 준 11인 위원회의 '보좌관'(hypēretēs tōn hendeka, 116d)일 것이
   라고 추정한다. 하지만 『파이돈』에 등장하는 '문지기'와 '보좌관'이 다른
   사람인지 동일인인지는 논란의 여지가 있다.

3 호의를 좀 보이기도 : '호의를 보이다'로 옮긴 'euergetētai'는 단순히 '잘
   대해 주었다'는 것을 뜻하거나, 아니면 『향연』 184b2에서처럼 '뇌물을
   주었다'는 것을 뜻할 수도 있다. 그래서 학자들 사이에 이견이 있다. 여
   기서는 일단 양쪽 가능성을 고려해 '호의를 보였다'로 번역했다. 물론
   소크라테스는 돈을 써서 자신을 빼내려는 시도에 대해 부정적 인식을
   갖고 있었다. 이 점은 48c~d에서 알 수 있다.

4 평생을 살면서 : '(나는) 평생을 살면서'는 'en panti tōi biōi'의 번역이다.
   이 구절은 크리톤이 아니라 소크라테스에 대한 기술로 볼 수도 있다.
   이 경우 "나는 … 자네의 성향 때문에 자네가 평생 행복한 사람이라고

생각하긴 했지만 …"으로 번역할 수 있다.

5 보고는 : 43b5에서처럼 'hōs' 앞에 'aisthanomenos'(보고)를 넣어서 번역
했다. 아무래도 '수월하고 차분하게'를 강조할 필요가 있어 보이기 때
문이다. 'aisthanomenos'를 보충하지 않을 경우 위의 문장은 "자네가
수월하고 차분하게 견뎌 내기 때문에"로 번역될 수 있다.

6 내 나이 : 이 대화편 52e를 보면 소크라테스의 나이가 70세였음을 알 수
있다. 이 점은 『변명』 17d에서도 알 수 있다.

7 그 배가 델로스에서 도착했는가? 그게 도착하면 내가 죽게 되어 있는 바로
그 배 말이야 : 『파이돈』(58a~c)과 크세노폰의 『회상록』(Ⅳ.8.2)에 의하면,
소크라테스가 사형선고를 받은 후 독배를 들이키기까지는 30일이 걸렸
다고 한다. 왜냐하면 아테네는 해마다 델로스로 사절단을 보내는 종교
행사[델리아(Dēlia)라 불림]를 했는데, 사절단을 태운 배가 델로스에 갔
다가 되돌아올 때까지는 공적으로 사형 집행을 금했기 때문이다. 역풍
이라도 불어 배의 귀환이 지체되면 사형 집행은 그만큼 더 늦춰지는데,
소크라테스의 처형이 오랜 기간 늦춰진 데에는 이 영향도 있었던 것으
로 보인다. 사절단 파견 행사는 배의 고물에 꽃 장식을 하는 일로부터
시작되는데, 이 일이 소크라테스에 대한 재판 전날에 있었다고 한다.
그런데 그 행사는 어떻게 생겨난 것일까? 이에 대해서는 다음과 같은
신화적 설명이 있다. 한때 아테네는 미노타우로스(Minōtauros) ― 소의
머리에 사람 몸을 가진 괴물로 미궁(labyrinthos) 속에 있었다고 한다 ―
에게 바칠 젊은 남녀 일곱 쌍을 9년에 한 번씩 공물로 크레타의 미노스
(Minōs) 왕에게 보냈었다. 세 번째로 공물을 바칠 시기가 되었을 때 아
테네의 전설상의 왕인 아이게우스(Aigeus)의 아들 테세우스(Thēseus)가
자진해서 그 젊은 남녀의 일원이 되어 크레타에 도착했고, 마침내 미노
타우로스의 미궁에 갇히게 되었다. 거기서 그는 미노타우로스를 주먹
으로 처치하고, 자신에게 반한 미노스 왕의 딸 아리아드네(Ariadnē)가
주었던 실타래를 이용해 이 미궁 속에서 그의 일행과 함께 무사히 빠져
나올 수 있었다. 그래서 매해 종교 행사가 열리게 되었는데, 이는 아테

네인들은 테세우스와 그의 일행이 구제되면 매해 델로스 — 아테네에
서 남서쪽 에게 해에 있는 작은 섬으로, 아폴론 신의 탄생지이며 이 신
에게 바쳐진 섬이다 — 로 사절단을 보내겠다고 아폴론 신에게 맹세를
했기 때문이다.

8 **수니온** : 수니온(Sounion)은 아테네를 포함하고 있는 아티케 반도의 남
쪽 끝에 있으며, 이른바 '수니온 곳'을 갖고 있다. 델로스 섬에서 아테
네로 귀환하는 배는 수니온 곳 곁을 지나 피레우스(Peiraieus) 항에 도착
하게 되는데, 역풍이 불면 수니온 곳에서 체류했다고 한다. 이 곳에서
아테네까지는 요즘 도로로 69킬로미터쯤 되고, 피레우스 항에서 아테
네까지는 10킬로미터쯤 된다. 수니온에는 아테나 여신의 신전도 있으
나 특히 포세이돈 신전이 잘 알려져 있으며, 현재 남아 있는 15개의 도
리아식 기둥들은 대략 기원전 444년에서 440년 사이에 건립된 신전의
잔해이다.

9 **행운이 함께하여** : 'tychēi agathēi'(행운이 함께하다) 다음에 마침표를 찍
은 애덤(J. Adam)을 따르지 않고, 쉼표를 찍은 OCT 구판과 신판에 따라
번역했다. 기존의 번역본들은 마침표가 있는 것처럼 번역하고 있다.

10 **이 일을 관장하는 자들** : 『변명』 37c, 『파이돈』 116b 등에서 언급되는 11
인 위원들(hoi hendeka)을 가리킨다. 이들은 추첨에 의해 임명되는 관
리들이며 감옥 관리와 사형 집행의 책무를 지고 있었다.

11 **다가오는 날** : 오늘을 가리킨다.

12 **이 밤에 조금 전 꾼 꿈** : 소크라테스는 꿈을 진지하게 받아들이는 모습을
보이곤 한다. 『변명』 33c에서 그는 신의 지시가 꿈을 통해서도 주어질
수 있다고 말하고, 『파이돈』 60d~61b에서는 그가 꿈들이 지시하는 바
에 따라 시가를 지었다고 말하고 있다.

13 **셋째 날** : '셋째 날'은 '모레'를 뜻한다. 그리스인들은 '오늘'을 '첫째 날'로
셈한다.

14 **당신은 셋째 날에 비옥한 프티아에 도착할 겁니다** : 『일리아스』 9권 363행
을 인용한 것이다. 이 구절에서, 아킬레우스는 아가멤논이 자신을 전

투에 복귀시키려고 주는 온갖 선물을 거절하고, 자신의 고향인 프티아(Phthia)로 돌아가겠다는 뜻을 밝히고 있다. 소크라테스는 자신이 죽는 것을 아킬레우스가 그의 고향에 도착하는 것에 빗대어 말함으로써, 죽음이 혼의 귀향과도 같음을 암시한다. 이는 죽음이 두려워할 것이 아니라, 『변명』 40c 이후에서 언급되듯이, 좋은 것일 가망성을 열어 두는 것으로 보인다.

15 지금이라도 : 크리톤이 여러 차례 탈옥을 권유했음을 짐작할 수 있게 하는 표현이다.

16 나는 결코 다시는 찾을 수 없을 그런 친구를 잃게 될뿐더러 : 『변명』 30e에서는 소크라테스가 자신과 같은 또 한 사람을 쉽게 찾지는 못할 것이라고 말하고 있다.

17 다수의 사람 : '다수의 사람'이란 'hoi polloi'의 역어이다. 이것의 의미는 44c에서 분명히 드러난다. 거기서 'hoi polloi'는 'hoi epeikestatoi'(아주 훌륭한 사람들)와 대비되어 쓰이고 있다. 그러니까 'hoi polloi'는 단순히 많은 사람이 아니라 소수의 훌륭한 사람들, 즉 47a~48a에서 쓰이는 용어로는 '분별 있는'(phronimos) 혹은 '전문 지식을 가진'(epaiōn) 사람들과 구분되는 보통 사람들 혹은 대중들을 가리킨다. 그리스어 'polloi'가 사람을 가리키는 의미로 이 대화편 전체에 19번 나오며, 그것도 여기서부터 49c까지 부분에서만 집중적으로 쓰이고 있다. 44b와 45b에서는 정관사 없이 쓰이는데, 이 경우에는 '많은 사람'으로 옮겼다. 다른 한편 정관사 'hoi'와 같이 쓰일 때는 주로 '다수의 사람'으로 옮겼으나, 간혹 '다수'로 생략하여 옮겼다. 이를테면 'hē doxa tōn pollōn'과 같은 구절에 한해서 '다수의 사람의 판단' 대신 '다수의 판단'으로 옮겼다.

18 다수의 판단 : '다수의 판단'은 'doxa tōn pollōn'을 번역한 것이다. 앞 문장에서 언급된 '평판'과 여기서의 '판단'도 같은 그리스어 'doxa'를 번역한 것이다. 앞에서와 달리 이번에는 '판단'으로 번역한 것은 누군가에 대한 '다수의 판단'이 곧 '평판'이라 할 수 있기 때문이다.

19 다수의 사람이 가장 큰 해를 줄 수 있었으면 하네. 그러면 그들은 가장 큰 이

로움도 줄 수 있을 테니까 : 소크라테스는 누군가가 해(나쁜 것, to kakon)를 줄 수 있다면 그는 이로움(좋은 것, to agathon)도 줄 수 있고, 그 역도 가능하다고 본다. 이런 견해는 다음과 같은 그의 추론에 따른 것이다. 좋은 것을 알면 이로움을 줄 수 있는데, 나쁜 것을 알지 못하고서는 좋은 것을 알 수 없다. 그러므로 좋은 것을 아는 자는 이로움을 줄 수 있을 뿐 아니라 해도 줄 수 있다. 『국가』 1권 333e에서 싸움에서 때리는 데 가장 능한 사람은 방어하는 데도 그런 사람이고, 질병을 막는 데 능한 사람은 병을 생기게 하는 데도 그런 사람이라는 언급도 같은 논리에 따른 것이라 할 수 있다.

20 그들은 사람을 분별 있게도 무분별하게도 만들 수 없고, 닥치는 대로 아무 일이나 하기 때문이네 : 크리톤이 다수의 사람이 누군가에게 가장 큰 해를 줄 수 있다고 말할 때, 그 가장 큰 해(나쁜 것)란 죽음을 뜻하는 것으로 보인다. 그런데 소크라테스는 그의 말을 받아 해·이로움을 무분별·분별과 연관시키고 있다. 소크라테스는 분별과 무분별, 혹은 지혜(지식)와 무지야말로 진정으로 좋은 것과 나쁜 것이라고 보는 것이다. 이런 입장은 『카르미데스』 174b11~C3, 『에우튀데모스』 281d2~e5, 『메논』 87d2~89a5에서도 볼 수 있다.

21 기소를 일삼는 사람들 : 당시 아테네에는 공소의 제기, 즉 기소를 전담하는 검사가 별도로 존재하지 않았고, 그 대신 원하는 시민은 누구나 직접 기소를 할 수 있었다. 이런 제도 속에서 '기소를 일삼는 사람'(sykophantēs)들이 생기게 되었는데, 이들은 피의자들에게 기소를 하겠다고 협박해서 금품을 갈취하거나, 그 밖의 어떤 이득을 얻고자 했던 것으로 보인다.

22 내 돈이면 충분하며, 그건 자네 돈이라네 : "친구들의 것은 공동의 것이다"(koina ta tōn philōn)라는 격언을 연상시킨다. 플라톤은 『국가』에서 사실상 이 격언을 통치자들의 삶에 적용해서, 이들의 경우 재산과 처자를 공유해야 한다고 역설한다.

23 심미아스 : 심미아스(Simmias)와 바로 이어서 언급되는 케베스(Kebēs)는

테베(Thēbai) 출신 젊은이들이며 소크라테스의 추종자들이다. 이들은 『파이돈』에서 소크라테스의 주요 대화 상대자들로 등장하여 혼의 불멸에 관해 논한다. 이들은 피타고라스학파의 사람들로 간주되기도 하는데, 그렇게 볼 결정적인 근거가 있는 것은 아니다.

24 자네가 법정에서 한 말, 즉 자네가 추방되면 어떻게 지낼지 알 수 없다고 한 말 : 『변명』 37c~38b에서 소크라테스가 한 말을 가리킨다. 거기서 그는 추방형을 제의하지 않는 이유를 설명한다. 그 이유는 다음과 같이 요약해 볼 수 있다. 1) 그가 추방되어 아테네에서처럼 논의를 하며 다닌다면, 아테네 사람들처럼 다른 나라 사람들도 자신의 논의를 견뎌내지 못하고 그의 말을 듣는 젊은이들을 위해 그 자신을 쫓아낼 것이다. 2) 그렇다고 추방되어 말없이 조용히 산다면, 그것은 신께 불복종하는 일이 될 것이다.

25 테살리아 : 테살리아(Thessalia)는 아티케에서 북서쪽으로 200~300킬로미터 거리에 있는 넓은 지역이다. 이곳은 그리스의 다른 지역에 비해 덜 문명화되어 있었다.

26 자신의 아들들도 : 소크라테스의 아들들에 관해서는 『변명』(34d, 60a)과 『파이돈』(116b)에 언급되어 있다. 소크라테스에게는 아들이 셋 있었는데, 큰아들은 이름이 '람프로클레스'(Lamproklēs)이고 20세쯤 된 청년(meirakion)이었으며, 나머지 둘은 '소프로니스코스'(Sōphroniskos)와 '메넥세노스'(Menexenos)라는 이름을 갖고 있었고, 아직 어린아이들이었다. 『변명』 60a를 보면 막내는 소크라테스의 아내인 크산티페(Xanthippē)가 안고서 앉아 있는 것으로 묘사될 정도로 아주 어렸던 것 같다.

27 일평생 덕에 마음을 써 왔노라고 주장해 온 사람으로선 : 소크라테스는 날마다 덕에 관하여 논하는 것이야말로 인간에게 가장 훌륭한 일이라고 보았다(『변명』 38a). 인간의 좋은 삶, 즉 행복한 삶을 위해서는 부, 건강, 아름다움, 권력, 명예와 같은 '이른바 좋은 것들'보다는 지혜, 용기, 절제, 정의와 같은 덕들이야말로 무엇보다 중요한 요소라고 보기 때문이

다. 그래서 그는 아테네인들에게 덕에 마음 쓰도록 설득하고 다니는 데 평생을 바쳤다. 소크라테스는 '혼에 마음을 쓰도록 하라'(혼을 돌봐라)는 말을 더 자주 사용했는데, 이 말도 '덕에 마음을 쓰라'는 말과 사실상 같은 취지의 말이다. 크리톤은 소크라테스의 주된 관심사인 덕의 문제를 거론함으로써 나름대로 폐부를 찌르고자 했던 것으로 보인다. 51a에서는 의인화한 법률도 소크라테스를 '덕에 마음을 쓰는 자'로 언급하며 탈옥의 부당성을 밝히고자 한다.

28 **우리 쪽** : '우리 쪽'이라는 말을 역자는 소크라테스와 그의 친구들을 두루 지칭하는 표현으로 사용했다.

29 **소송사건이 회부되지 않을 수도 있었는데도 회부된 일** : 소크라테스의 기소자들인 아뉘토스(Anytos), 멜레토스(Meletos), 그리고 뤼콘(Lykon)은 그를 기소하긴 했지만, 『변명』 29c에 소개된 아뉘토스의 진술에 따르면 애초에는 재판까지 가기를 원치는 않았던 것으로 보인다. 당시 소크라테스는 불경죄로 바실레우스 관청에서 예비심문(anakrisis)을 받은 후 재판을 받았는데, 그 관청에 기소당한 시점과 재판 시점 사이에 아테네를 떠날 수도 있었던 것 같고, 기소자들은 그렇게 하길 기대했던 것으로 보인다.

30 **재판 자체가 이루어진 과정** : 소크라테스가 재판 당시 보통 사람들처럼 많은 눈물을 흘리며 재판관들에게 빌고 탄원하고 아첨하는 식으로 변론을 하지 않은 점(『변명』 34b~c, 38d~e)이나 원고 측이 사형을 제의한 데에 반해 그가 너무 경미한 벌금형을 제의하려 했다는 점(『변명』 38b) 등을 고려한 것으로 보인다.

31 **사람들이 판단하기에는** : 'dokein'을 독립 부정사(absolute infinitive)로 보았다. H. W. Smyth, *Greek Grammar*, 2012, 'd' 항목 참조.

32 **다가올 밤에 이 모든 것을 실행해야 하네** : '다가올 밤'이란 오늘밤을 뜻한다. 크리톤은 오늘밤이 아니면 더 이상 탈옥할 시간은 없다고 보고 있다. 이는 그가 소크라테스의 꿈을 믿지 않고 있음을 뜻한다. 그는 오늘 배가 도착하고 내일 소크라테스가 죽게 되어 있다는 자신의 믿음을 고

수하고 있다.

33 원칙 : '원칙'으로 옮긴 'logos'는 말, 주장, 원칙, 이성, 논변(논증) 등의
의미를 두루 지닌 용어로, 지금의 대목에서는 '원칙'(principle)이나 '논
변'(argument)으로 번역되곤 한다. 두 번역어는 각기 장단점이 있는데
역자는 '원칙'이라는 용어를 선택했다. 현재의 대목부터 49e까지의 주
된 논의는 행위의 원칙을 확립하는 문제, 즉 탈옥이나 그 밖의 어떤 일
과 관련해서 어떻게 행해야 할지를 결정할 때에 따라야 할 원칙이나 원
리를 확립하는 문제를 다루고 있기 때문이다. 이런 원칙은 논리적으
로는 우리의 행위 결정의 근거나 전제가 되며, 또한 출발점이 되는 것
이다. 49a~e에서는 소크라테스가 탈옥의 문제를 다루는 데 주된 출발
점이 될 것들로 정의의 원칙들을 확립하게 된다. 46b의 'logos'를 '원
칙'이나 이에 가까운 용어로 옮긴 번역본으로는 박종현(2003), 218쪽;
Burnet(1924), p. 268; Schleiermacher(1973), p. 81; Gallop(1997), p.
104; Brisson(2005), p. 209 등이 있다. 이 책의 「작품 안내」 I. 3장에서
는 원칙들에 대해 분석했다.

34 마치 어린아이들 다루듯 우리를 지금보다 더 많은 도깨비들로, 즉 투옥과 사
형과 재산 몰수로 겁을 줄지라도 : '도깨비들로 … 겁을 주다'로 번역한
'mormolyttētai'는 어린아이를 이른바 '도깨비'(Mormō, bogey-name)와
같은 말로 놀라게 하는 것을 뜻한다.

35 사람들의 판단들에 관해 자네가 하는 말 : 44b~d, 45e에서 언급된 주장을
가리키는 것이다.

36 판단 : 여기서는 'doxa'를 '의견'으로 옮기는 게 더 자연스러울 수도 있
겠으나, 이 번역본에서는 가급적 용어의 통일을 위해 그것을 '판단'이
나 '평판'으로만 번역했다.

37 판단들 가운데 어떤 것에는 주의를 기울여야 하되 어떤 것에는 그렇게 해서
는 안 된다 : 46b에서 언급된 원칙의 한 사례라 할 수 있다.

38 늘 우리가 한 말은 맞는 말인가 : "늘 우리가 한 말은 맞는 말인가"에서
'늘'로 옮긴 'hekastote'를 어떻게 처리하느냐에 따라 달리 번역될 수도

있다. 이를테면 "우리가 한 말은 어느 때든(매번) 맞는 말인가"로 옮길 수도 있다.

39 인간사에서 있을 수 있는 한 : '인간사에서 있을 수 있는 한'(hosa ge tanthrōpeia)이란 필연적인 차원이 아니라 개연적인 차원에서 말하고 있음을 뜻하는 것이다. 인간은 예기치 않게 죽을 수도 있는 존재이기에 소크라테스는 크리톤이 내일 죽지 않는다는 것을 개연적인 차원에서 언급하고 있다.

40 자네는 내일 죽게 되어 있지는 않은 것 같고 : 여기서 '내일'을 거론한 것은 소크라테스가 내일 죽게 될 것이라고 믿는 크리톤의 생각을 고려한 것이다.

41 체육을 하는 사람이나 이 일을 직업으로 삼는 사람 : '체육을 하는 사람이나 이 일을 직업으로 삼는 사람'은 'gymnazomenos anēr kai touto prattōn'을 번역한 것인데, 이 그리스어 구문은 한 종류의 사람을 지칭하는 것으로 번역되거나, 두 종류의 사람을 지칭하는 것으로 번역된다. 그런데 당시에 의사들은 운동선수와 일반인을 구분하여 다른 섭생법을 처방했다는 점을 고려한다면, 이 구문은 내용상 '운동을 하는 일반인과 운동선수'를 뜻하는 것으로 보는 게 적절하다. 이를테면 히포크라테스 전집 중 『인간의 본질에 관하여』의 16~22장에서는 건강에 좋은 섭생에 관해 설명하면서 22장에서는 운동선수를 위한 별도의 섭생법을 제시하고 있다. 물론 체육 선생도 의사처럼 그런 구분을 했을 것으로 여겨진다.

42 의사이거나 체육 선생 : 여기에서는 의사(iatros)와 체육 선생(paidotribēs)을 구별하고 있지 않으나, 『고르기아스』 452a~b에서 의사는 건강을 낳는 일을 하고, 체육 선생은 사람들을 육체적으로 아름답고 강하게 만드는 일을 하는 것으로 언급된다.

43 다수의 사람이 아니라 그 한 사람의 비난을 두려워하고 그의 칭찬을 반겨야 하네 : 『변명』 25a~c에서도 같은 취지의 말을 하고 있다. 단 거기서는 '모든 사람'이나 '다수의 사람'을 단순히 '한 사람'과 대비시키지 않고,

'한 사람'이나 '소수'와 대비시키기도 한다. 『크리톤』에서도 내용상 소수를 추가해서 이해해도 무방하다. 소크라테스가 전문 지식을 가진 자는 한 사람만 있다고 주장하는 것은 아니기 때문이다. 다른 한편 전문 지식을 가진 사람들은 여럿이 있더라도, 그들은 하나의 동일한 전문 지식을 갖는다는 관점에서 전문 지식을 가진 사람을 한 사람으로 상정한 것으로 보인다.

44 정의로운 것 : '정의로운 것'(to dikaion)은 이 대화편에서 가장 중요한 핵심어이다.

45 우리가 지금 숙고하고 있는 정의로운 것과 정의롭지 못한 것, 부끄러운 것과 아름다운 것, 좋은 것과 나쁜 것과 관련해서 : 지금 소크라테스와 크리톤이 숙고하는 문제는 탈옥이 정의롭고 아름답고 좋은 것인가, 아니면 정의롭지 못하고 부끄럽고 나쁜 것인가 하는 것이라 할 수 있다. 이들 가치 용어들의 관계에 대해서는 48b에서 언급된다.

46 전문 지식을 가진 어떤 사람이 있다면 말이네 : 소크라테스는 건강이나 신체 단련의 문제뿐 아니라 도덕적인 문제에도 전문 지식을 가진 자가 있다고 보고 있다. 따라서 그는 윤리적인 절대주의의 입장에 있다고 할 수 있다.

47 정의로운 것에 의해서는 더 좋게 되고 정의롭지 못한 것에 의해서는 파멸된다고 하던 대상 : 혼(psychē)을 가리키는 것이다. 여기서 '파멸된다고 하던'(apōllyto)은 문법상 '철학적 반과거'(philosophical imperfect)로 앞서 관련된 논의가 있었음을 보여 주는 것이다. 그 논의는 이 대화편 속에 담겨 있지 않다.

48 진리 자체가 뭐라고 말할 것인지 : 진리를 의인화하고 있는데, 이런 예는 『변명』39b, 『파이돈』91c, 『향연』201c에서도 볼 수 있다.

49 "하지만 분명 다수의 사람은 우리를 죽일 수 있다" : 우리를 사형에 처할 수 있다는 것이다. 44d에서 크리톤은 다수의 사람이 '가장 큰 해'를 줄 수 있다고 말함으로써 사실상 같은 주장을 한 셈이다.

50 우리가 검토해 온 그 원칙 : 46d에서 언급된 것, 즉 "판단들 가운데 어떤

것에는 주의를 기울여야 하되 어떤 것에는 그렇게 해서는 안 된다"는 것을 가리킨다.

51 사는 것이 아니라 훌륭하게 사는 것을 가장 중시해야 한다 :『변명』28b 이후와『고르기아스』512d 이후에서도 같은 취지의 언급을 볼 수 있다.

52 훌륭하게 사는 것과 아름답게 사는 것과 정의롭게 사는 것이 같다 : 이는 긴 논증을 요한다. 이에 대한 논증은 특히 '정의'(올바름, dikaiosynē)에 대해 본격적인 논의를 전개하는『국가』에서 이루어진다.

53 내 생각대로 : '내 생각대로'는 'tauta'를 의미를 살려 옮긴 것이다. '이 일을'로 직역할 수도 있겠으나, 이 경우에는 그것이 '탈옥하는 일'을 가리키는 것으로 잘못 이해될 가능성이 높다. 현재의 맥락에서 'tauta'는 탈옥의 문제와 관련해서 탈옥이든 탈옥 거부든 '내가 결정할 것' 혹은 '내가 생각한 것'을 가리키는 것으로 보는 게 적절하다.

54 최대한 자네가 생각한 대로 질문에 대답해 보게나 : 참된 합의를 위한 규칙을 제시하고 있다. 같은 규칙이 48d와 49d에서도 언급된다. 49d에서는 자신의 판단(생각)에 어긋나게 동의를 하게 되면 공동의 논의 기반(koinē boulē)을 갖지 못하게 됨을 지적한다. 다른 대화편, 이를테면『메논』83d와『국가』1권 346a에서도 같은 언급이 있다.

55 다수의 사람이 생각하듯이, 보복으로 정의롭지 못한 짓을 해서도 안 되네 : 중간에 '다수의 사람이 생각하듯이'라는 표현이 암시하듯이, 다수의 사람(대중)의 정의관을 엿볼 수 있는 대목이다. — 49c5~7의 구절의 경우도 마찬가지이다. — 대중의 정의관에 관해서는『작품 안내』(86쪽)에서 언급했다.

56 크리톤은 당시의 다수 사람들처럼, 보복을 정의의 기본 원리로 삼았던 전통적 정의관을 갖고 있던 인물로서, 삶의 원칙들에 관해 여러 차례 소크라테스와 논의를 했음에도 불구하고 — 이 점은 46d, 47a, 48b, 49a, 49b에서 알 수 있다. — 보복을 금하는 원칙에 선뜻 동의하지 못하고 조심스럽게 답하고 있다.

57 공동의 논의 기반 : '공동의 논의 기반'(koinē boulē)은 바로 이어서 이야

기되는 '숙고의 출발점'(archē)이 되는 것이다.

58 그것들 : 49a~c에서 언급된 원칙들을 말하는 것이다. 소크라테스는 그 원칙들을 다음 문장에서 정리하여 제시하고 있다.

59 이런 출발점 : 숙고의 출발점을 뜻하며 48e에서 언급된 고찰의 출발점과 같은 것이다. 이 출발점은 논증의 전제나 근거에 해당한다. 논의 맥락 상 49a~e에서 나오는 원칙들이 그 출발점이 된다.

60 나는 오랫동안 그렇게 판단해 왔을 뿐 : 앞서 말한 원칙들이 맞으며 그것 들을 숙고의 출발점으로 삼아야 한다고 생각해 왔다는 것이다.

61 누군가가 다른 누군가와 합의한 것들이 정의롭다면, 그는 그것들을 이행해야 하는가 : 원칙을 하나 더 추가하고 있는 구절이다. 이 구절은 "누군가가 어떤 사람과 합의한 정의로운 것들은 이행해야 하는가"로 번역될 수도 있다. 이렇게 번역할 경우 사실상 같은 내용을 담고 있는 50a2~3 부분 과 번역을 일치시킬 수 있는 이점이 있으나, 합의 이행의 조건을 분명 히 드러내 주지 못하는 면이 있다. 그러나 어느 쪽으로 번역하든 의미 가 달라지는 것은 아니다.

62 그러면 이것들에 근거해서 살펴보게나 : 소크라테스는 이제 49a 이후 제시 된 원칙들에 근거해서 탈옥의 문제를 살펴보려고 한다. 앞서 제시된 원 칙들은 다음과 같다. "결코 정의롭지 못한 짓을 해서는 안 된다", "정의 롭지 못한 짓을 당하더라도 보복으로 정의롭지 못한 짓을 해서는 안 된 다", "해를 입히는 일을 해서는 안 된다", "해를 입더라도 보복으로 해 를 입혀서는 안 된다", "합의한 것들이 정의롭다면 그것들을 이행해야 한다".

63 특히나 해롭게 해서는 안 될 이들 : 이들 속에는 자기 자신과 친구들, 더 나 아가 조국과 법률까지 포함된다. 이 점은 54c에서 분명하게 언급된다.

64 나라 전체 : Brisson(2005, 주 71)은 '나라 전체'(sympasan tēn polin)를 앞 의 '국가 공동체'(to koinon tēs poleōs)와 동의어로 본다.

65 내려진 판결이 효력을 가져야 함을 규정하는 법 : 이것은 기원전 403년에 30인 참주정이 몰락한 후 민주정이 회복되었을 때 제정된 특정 법률

을 가리키는 것이거나, 아니면 어느 법체계든 의존하지 않을 수 없는 기본적인 일반 원리를 뜻한다고 볼 수 있다. 일반적으로는 그것을 특정 법률로 이해하지만, 갤럽(D. Gallop)은 기본적인 일반 원리로 본다. Gallop(1997), p. 106.

66 이것 : 정의롭게 내려지지 않은 판결에 불복종하는 것을 가리킨다.

67 묻고 답하는 데 익숙하니 말이오 : 이른바 소크라테스의 문답법(dialektikē)을 가리키는 것이다.

68 시가와 체육 교육 : 플라톤은 『국가』에서 철인 통치자를 위한 다섯 단계의 교육, 즉 시가, 체육, 수학적 분과들, 변증술, 실무 경험 등의 교육 과정을 제시하고 있다. 이 가운데 시가와 체육은 아이들을 위한 기본 교육 과정에 속한다. 플라톤은 『국가』 2권과 3권에서 그 교육 과정에 대해 길게 논하고 있다.

69 그런 일 : 겪은 것을 보복적으로 행하는 일을 가리킨다.

70 진정으로 덕에 마음을 쓰는 자로서 : 앞의 주 27을 참조.

71 당신은 그리도 지혜로워서 … 알지도 못했단 말이오? : 이 문장에서는 빈정대는 투의 수사적 표현이 사용되고 있다.

72 조국에 폭력을 쓰는 것 : '폭력을 쓰다'는 'biazesthai'를 번역한 것이다. 이 단어는 '법률'(nomos)을 목적어로 가질 때 '위반하다', '어기다'라는 의미를 갖는다. 그러니까 여기서 '조국에 폭력을 쓴다는 것' 대신 '조국의 명령을 어기는 것'으로 옮길 수도 있다. '어머니와 아버지에게 폭력을 쓰는 것'도 마찬가지이다.

73 한결 더 경건하지 못하다는 것을 말이오 : 이 대화편에서 탈옥의 '정의로움'(to dikaion) 여부가 중요 논점이 되고 있는데, 소크라테스는 '경건함'(hosion)이라는 개념을 덧보태고 있다. 『에우티프론』에서는 이 두 개념의 관계에 대해 논하는 대목이 있는데, 거기서 경건함은 정의의 한 부분으로 간주된다(11e~12a, 12d~e).

74 아테네인이 시민으로 인정받고 : 당시 아테네의 남자 아이들은 나이를 먹는다고 해서 자동으로 시민이 되는 것이 아니라, 시민 자격 심사

(dokimasia)를 받고 시민 등록부에 이름을 올리는 절차를 밟았다. 심사 과정에서는 자신의 연령을 입증하고 부모가 시민임을 입증하는 증거를 제시해야 했다. 증거가 불충분하면 구(dēmos)의 주민들이 재판에 회부할 수 있었고, 증거가 충분하면 그의 이름은 공인 등록부에 등재되었다. Kraut(1984), p. 154 참고.

75 일정한 권한 : 이주의 자유를 가리킨다.

76 그런 행위에 의해 : 다른 나라로 가지 않고 아테네에 머무는 행위를 가리킨다. 같은 표현이 52d에도 나온다.

77 이스트모스 : 코린토스(Korinthos)의 이스트모스(Isthmos)를 가리킨다. 이곳은 아테네에서 서쪽에 있으며, 그리스 본토와 펠로폰네소스 반도를 연결하는 좁다란 육지 즉 지협이다. 이곳의 길이는 약 15킬로미터이고, 너비는 가장 넓은 곳이 6킬로미터 정도 되고, 가장 높은 곳이 해발 90미터를 넘지 않는다.(이 지협은 12년간의 공사 끝에 1893년에 완성된 운하에 의해 끊겨 있다.) 이곳에서는 2년마다 4월이나 5월에 범그리스 체육대회가 개최되었다.

78 어딘가로 출정하기 위해 떠나는 경우 : 『변명』(28e)에 의하면 소크라테스는 펠로폰네소스 전쟁 중에 포테이다이아(Poteidaia) 전투, 암피폴리스(Amphipolis) 전투, 그리고 델리온(Dēlion) 전투에 참전한 것으로 보인다.

79 바로 재판 당시 당신이 원했다면 당신은 추방형을 제의할 수 있었을 것이오 : 소크라테스가 추방형을 제의하지 않는 이유에 대해서는 주 24에서 언급했다.

80 당신이 강요에 의해 합의한 것도 … 아니고, 70년을 숙고한 끝에 합의한 것인데도 말이오 : 합의나 계약의 형식적 조건을 말하는 것으로 볼 수 있다.

81 훌륭한 법을 갖춘 : '훌륭한 법을 갖춘'은 'eunomeisthai'를 번역한 것이다. 이 단어는 '잘 다스려진다'는 뜻으로도 쓰인다.

82 라케다이몬도 크레타도 : 플라톤은 『국가』 8권에서 정치체제를 최선자 정체, 명예 정체, 과두 정체, 민주 정체, 참주 정체로 구분하고, 라케다이몬(스파르타)과 크레타의 정체를 두 번째로 좋은 명예 정체(timokratia)로

분류한다(544c~545b). 그리고 그는 자신의 마지막 저서인 『법률』에서 새로운 나라의 법체계를 마련하는 논의를 라케다이몬과 크레타의 법 제정 목적이 무엇인지를 검토하는 일부터 시작한다.

83 이것들 : 합의된 것들.

84 시민권을 박탈당하고 : '시민권을 박탈당하고'는 'sterēthēnai tēs poleōs'를 옮긴 것인데, 이 구절은 '나라를 잃다' 혹은 '나라를 빼앗기다'로 번역되기도 한다.

85 테베나 메가라 : 테베(Thēbai)는 아티케의 북서쪽에 있는 보이오티아 (Boiōtia)의 주요 나라였다. 그리고 메가라(Megara)는 주 77에서 말한 이스트모스의 북쪽 부분에 있다.

86 재판관들 : 소크라테스를 재판한 아테네의 배심원들을 가리킨다.

87 법률의 파괴자는 누구라도 적어도 젊은이들이나 어리석은 자들을 타락시키는 자 : '젊은이를 타락시킨다'는 것은 『변명』 24b8~c1에서 볼 수 있듯이 소크라테스에 관한 기소 내용 중 일부이다. 그리고 '법률의 파괴자'와 '젊은이를 타락시키는 자'란 표현에서 '파괴자'와 '타락시키는 자'는 같은 단어인 'diaphthoreus'를 달리 번역한 것이다.

88 이곳들 : 53b에서 언급된 '가장 가까운 나라들'을 가리킨다.

89 정의와 그 밖의 덕에 관한 당신의 그 잘 알려진 논의를 우리는 어디에서 접할 수 있겠소? : 53b~54a에서는 탈옥을 해서 다른 나라로 갈 경우, 부끄럽지 않게 철학적 논의를 하며 지내긴 힘들 것임을 밝히고 있는 셈이다. 『변명』(37c~38b)에서는 추방형을 택하여 다른 나라로 갈 경우, 철학적 논의를 하며 지낼 수 없음을 밝히고 있다. 주 24 참조.

90 그들도 이것으로 득을 보도록 : '이것으로 득을 보도록'은 'touto apolausōsin'에 대한 애덤(J. Adam)의 설명에 따라 번역한 것이다. 그는 중성 대명사 'touto'가 기쁨(혹은 이득)을 가져오는 대상을 나타내는 것으로 보는데 — 여기서 'touto'(이것)는 외국인이 되는 것을 가리킨다 — 일반적으로 이런 대상은 2격(genitive)으로 표현된다. 버넷(J. Burnet)은 'touto'를 2격의 대용으로 보지 않고 "이런 득을 본다"로 번역하고자 한

다. 그런데 'touto'를 '이런 이득'을 뜻하는 것으로 보더라도, 내용상 '어떤 것에서'에 해당하는 내용이 보충될 필요가 있다. 다른 한편 여기서 득을 본다는 것은 냉소적으로 반어법을 사용한 것이라는 점도 유의해야 하겠다.

91 그 대신에 : 아이들을 테살리아로 데려가 양육하는 대신에.

92 여기서 : 아테네를 가리킨다.

93 하데스 : 죽은 자들이 거주하는 지하 세계를 가리키는가 하면, 제우스와 포세이돈의 형제이며 지하 세계의 왕인 신을 가리키기도 한다.

94 당신이 하데스로 갔을 때 거기서 다스리는 자들 : 『고르기아스』 526d~e와 『변명』 41a 이후 참조.

95 이 모든 것 : 정의로운 것을 더 중시한 사례들을 가리킨다.

96 당신이 하데스에 갔을 때 거기서 다스리는 자들 앞에서 당신 자신을 변호하여 이 모든 것을 내세울 수 있도록 말이오 : 『변명』(40c6 이후)보다도 사후 세계를 강하게 가정하고 있다. 이는 사후의 판결에 대한 오르페우스교의 사상을 엿보게 해 주는 것이다.

97 그런 짓 : 정의로운 것보다 다른 것을 더 중시하는 짓, 곧 살기 위해 탈옥을 하는 짓을 가리킨다.

98 현 상태에서 당신이 떠나간다면 : '현재의 상태에서'란 'nun'의 번역이며 내용상 '탈옥을 하지 않은 상태에서'를 뜻한다. 그리고 '떠나간다'는 것은 '죽는다'는 것을 완곡하게 표현한 것이다.

99 여기서 나간다면 : '여기서 나간다'는 것은 탈옥을 뜻한다.

100 나는 이런 말들이 들리는 것으로 생각하네. 마치 코뤼반테스의 의식에 참여했던 사람들이 아울로스의 소리가 들리는 것으로 생각하듯이 말이네 : 코뤼반테스(korybantes)는 퀴벨레(Kybelē) 여신[소아시아 프뤼기아의 대모신(大母神)이며 풍요와 질병 치유의 신]을 받드는 자들로서, 이 여신을 기려 아울로스라는 목관악기와 드럼의 요란한 연주 소리에 맞춰 춤을 추는 열광적인 의식을 거행했다. 이런 의식을 통해 심리적으로 질환이 있는 사람들이 열광적인 상태에 빠져들고, 이런 열광 후에는 깊은

잠을 자게 되는데, 잠을 깨면 멀쩡해지는 일이 생기곤 했다고 한다. 이런 치료법은 동종요법에 따른 것으로서,『법률』790d~791b에서도 언급되고 있다. 그 밖에 플라톤은『에우튀데모스』277d,『향연』215e,『파이드로스』228b에서도 코뤼반테스와 관련된 언급을 하고 있다. 코뤼반테스는 유년기의 디오뉘소스를 보호하고, 디오뉘소스를 받들어 열광적인 의식에서 아울로스 소리에 맞춰 춤을 추었다는 이야기도 전해진다. 아무튼 이런 의식에 참여했던 사람들(korybantiōntes)은 의식이 끝나고 아울로스가 더 이상 연주되지 않는데도 그 소리가 들리는 것처럼 느끼곤 했고, 소크라테스는 의인화된 법률이 한 말과 관련해 그렇게 느끼고 있음을 말하는 것이다.

작품 안내

I. 작품 줄거리

1. 도입부(43a~44b)

기원전 399년 어둠이 짙은 새벽녘 크리톤은 사형 집행을 앞두고 있는 칠순 노인 소크라테스가 감옥 속에서 얼마나 달게 잠을 자는지, 그 모습에 놀라워하며 그의 곁에 말없이 앉아 있다. 이 것은 『크리톤』의 첫 장면이다. 크리톤은 소크라테스와 철학적으로 깊은 영향을 주고받는 사이는 아니었지만, 아테네의 알로페케(Alōpēkē)라는 같은 구(demos)의 주민이고 동갑이며* 일종의

---

* 『소크라테스의 변명』 33d~e 참조. 『소크라테스의 변명』의 원어 제목은

죽마고우로 절친한 사이였다.* 그는 소크라테스와 달리 부유했던 것으로 보인다. 그는 소크라테스가 고소인 측이 제의한 사형 대신 은화 1므나의 벌금형을 제의하자 30므나로 수정 제의하게 하고 보증을 섰던 네 사람 중 한 명이었다.** 그리고 사형 판결 후에도 그는 소크라테스의 탈옥을 돕는 데 기꺼이 돈을 쓰고자 한다.

크리톤은 지금 직면한 불운 속에서 소크라테스가 이를 얼마나 수월하고 차분하게 견뎌 내는지를 보고 그가 정말 행복한 사람이라고 탄복하기도 한다. 그는 한 달 가까이 소크라테스를 보러 감옥을 드나들었던 것으로 보이는데, 이날은 유난히 일찍 그

Apologia Sokratous이다. 이것은 『소크라테스의 변론』으로 옮길 수도 있다. 이 작품의 우리말 제목과 관련해서는 정암학당 연구원들 사이에서도 갑론을박이 있다. 하지만 정암학당의 플라톤 번역본 시리즈에서는 이미 『소크라테스의 변명』이란 제목으로 책이 출간되어 있어서 시리즈의 일관성을 고려해 여기서는 이 작품을 인용 시 『소크라테스의 변명』(이하 『변명』)이라 칭한다.

* 크리톤은 소크라테스의 최후의 행적들을 묘사해 놓은 플라톤의 4부작 중 『에우튀프론』을 제외한 『변명』, 『크리톤』, 『파이돈』에 등장한다. 『변명』은 소크라테스의 법정 변론을 주로 담고 있어서 이 대화편에서는 크리톤이 크게 부각되지 않고 이름이 거론되는 정도이지만(33d~e, 38b), 그의 이름을 딴 『크리톤』에서는 소크라테스와 단 둘이 대화를 나눈다. 그리고 『파이돈』에서는 소크라테스의 최후를 그와 함께 하며 그가 독배를 들이키고 죽자 그의 두 눈을 감겨 준다. 그 밖에 『에우튀데모스』에서 크리톤은 대화편의 도입 부분과 끝 부분에 등장하고, 자신의 아들인 크리토불로스의 교육 문제로 소크라테스와 상의를 한다.

** 『변명』 38b 참조.

를 찾았다. 그로서는 가장 감당하기 힘든 슬프고 참담한 소식을 접했기 때문이다. 그 소식은 델로스로 떠났던 배*가 이날 도착할 것이고, 내일 소크라테스가 생을 마칠 수밖에 없다는 것이다. 다른 한편 소크라테스는 자신의 꿈에 근거해서 그 배가 내일 도착하고 모레 자신이 죽게 될 것이라고 본다. 크리톤은 소크라테스의 꿈보다는 자신이 전해 들은 소식을 더 신뢰했던 것 같고, 그래서 이날 다가올 밤이 탈옥을 시도할 수 있는 마지막 시간이라고 여기고 소크라테스에게 강력하게 탈옥을 권유한다.

2. 크리톤의 탈옥 권유(44b~46a)

크리톤이 소크라테스에게 탈옥을 권유하는 이유는 다음과 같이 일곱 가지로 나눠 볼 수 있다.

(1) 자네가 죽으면 나는 결코 다시는 찾을 수 없을 그런 친구를 잃게 될 것이다(44b).

→ 이와 관련해 이 대화편에서 더 이야기되는 것은 없다. 그러나 『변명』에는 소크라테스 자신이 배심원들에게 "여러분이 날 죽인다면, 이런 유의 다른 사람을 쉽게 발견하지 못할 테니까요."

---

* 이 배와 관련해서는 본문 43d에 있는 주석 7에서 언급했다.

라고 말하는 대목이 있다(30e).

(2) 많은 사람은 내가 돈을 쓰고 싶어 하지 않아서 자네를 구하지 못했다고 판단할 것이다. 곧 자신이 친구보다 돈을 더 중시한다는 평판을 얻을 것이다. 이런 평판보다 더 부끄러운 것은 없다(44b~c).

→ 크리톤은 평판(doxa)에 크게 신경을 쓰는데, 이와 관련해서는 우선 44c~d에서 소크라테스가 잠시 응수를 한 후, 46c~48a에서 본격적으로 논한다. 그리고 48c에서 소크라테스가 돈의 지출과 평판에 관한 것은 다수의 사람이 고려하는 사항이라고 간결하게 언급한다.

(3) 친구들이 입을 재산상의 피해에 대해서는 염려할 것 없다(44e~45b).

→ 소크라테스는 "나는 그것뿐만 아니라 그 밖의 많은 것도 염려하고 있네"(45a)라고 말하는데, '그 밖의 많은 것'이 무엇인지는 대화편의 말미에서 어느 정도 짐작해 볼 수 있다. 거기서 의인화한 법률이 소크라테스에게 당신이 탈옥한다면 "당신 친구들의 경우는, 그 자신들이 추방되고 시민권을 박탈당하고 재산을 잃을 위험에 처하리라는 것이 거의 확실하오"(53b)라고 말하고 있기 때문이다.

(4) 자네가 법정에서 한 말, 즉 자네가 추방되면 어떻게 지낼지 알 수 없다고 한 말*에 구애받을 것도 없다. 자네가 도착하는 여러 곳에서 사람들이 자네를 반길 것이다(45b~c).

→ 이와 관련해서는 소크라테스가 내세운, 의인화한 법률이 길게 말한다(53b~54a).

(5) 자신을 구할 수 있는데도 자신을 포기하는 일은 정의롭지도 못하다. 자네는 자신의 적들이 자네를 없애고 싶어서 서둘렀던, 그리고 서두를 그런 일이 자신에게 일어나도록 서두르고 있는 것이다(45c).

→ 이는 "친구들은 이롭게 하되 적들은 해롭게 하는 것"(『메논』 71e1~5)이 정의로운 것이라는 전통적 도덕관을 반영한 것이겠는데, 소크라테스는 아예 이런 도덕관을 근본적으로 부정하고 새로운 정의관을 확립한다. 이와 관련해서는 3.3).(3) 말미에서 설명했다.

(6) 탈옥을 거부하는 것은 자신의 아들들을 버리는 것인데, 자식들을 낳지 말거나, 아니면 그들을 양육하고 교육시키며 그들과 함께 끝까지 고난을 견뎌 내야 한다(45c~d).

* 본문의 주석 24 참조.

→ 이와 관련해서는 48c에서 소크라테스가 아이들의 양육에 관한 것은 다수의 사람이 고려하는 사항이라고 간결하게 언급한다. 그리고 54a~b에는 법률이 응답하는 것이 있다. 거기서 법률은, 소크라테스의 친구들이 정말로 쓸모 있는 사람들이라면 그가 하데스로 가더라도 그들이 그의 자식들을 돌봐 줄 것이라고 역설한다.

(7) 나로서는 자네와 관련된 모든 일이 우리 쪽이 용기가 없어서 벌어진 것이라고 사람들이 판단하지나 않을까 해서 부끄러워하고 있다(45d~e).

→ 크리톤은 앞의 (2)에서처럼 다시 사람들의 판단 혹은 평판을 염려하는데, 이와 관련해서는 앞의 (2)에서 말한 대로 46c~48a에서 소크라테스가 응수한다.

3. 크리톤의 권유에 대한 소크라테스의 응수(46b~50a)

1) 소크라테스와 원칙(46b~c)

크리톤이 강력하게 탈옥을 권유하자 소크라테스는 "우리가 그렇게 실행해야 할지, 말아야 할지를 고찰해야 하네"(46b)라고 하며, 이어서 다음과 같이 역설한다.

나는 이제 처음이 아니라 언제나, 추론해 볼 때 내게 가장 좋은 것으로 보이는 원칙(logos) 이외에는 내게 속해 있는 다른 어떤 것에도 따르지 않는 그런 사람이기 때문이네. 그러니 내게 이런 운명이 닥쳤다고 해서 내가 이전에 말한 원칙들을 지금 내던져 버릴 수는 없네. 그것들은 내게 이전과 거의 같아 보이며, 나는 바로 그 동일한 원칙들을 이전처럼 우선시하고 존중하네. 만일 지금 우리가 이것들보다 더 좋은 것들을 제시할 수 없다면, 나는 자네에게 동의하지 않으리라는 걸 잘 알아 두게. 다수의 힘이, 마치 어린아이를 다루듯 우리를 지금보다 더 많은 도깨비들로, 즉 투옥과 사형과 재산 몰수로 겁을 줄지라도 동의하지 않을 것이네.

소크라테스의 이 인용절을 통해 우리는 삶에 임하는 소크라테스의 확고한 자세를 엿보게 된다. 그는 이성적인 분별을 통해 매사를 처리하는 사람으로서, 추론해 볼 때 가장 좋은 것으로 여겨지는 원칙에서 한 치도 벗어남이 없이 살고자 했던 것으로 보인다. 이런 점에서 그는 철저하게 원칙주의자였다고 할 수 있을 것이다. 그러나 고장 난 시계처럼 이전의 원칙만을 무조건 고수하려는 사람은 아니고, 이전에 최선의 원칙이라고 여겼던 것이 더 이상 그렇게 보이지 않고 그보다 더 나은 것이 있음을 알게 된다면 기꺼이 이전의 원칙을 버리고 새로운 원칙을 취할 수 있는 합리적인 사람이라 할 수 있다.

인용절에서 '원칙'으로 옮긴 'logos'는 어떻게 행해야 하는가를 결정할 때 따라야 할 행위의 원칙이나 원리이다. 이런 원리는 논리적으로 우리의 행위의 근거나 전제가 된다. 사실상 46b부터 49e까지의 논의는 그것에 관한 논의라 할 수 있다.[*]

2) 다수의 판단이 아니라 전문가의 판단을 따라야 한다(46c~48a)

소크라테스는 크리톤이 탈옥을 권유하면서 말한 것들 중에서 특히 둘째 것(44b~d)과 일곱째 것(45e)을 주목한다. 크리톤은, 소크라테스가 탈옥을 거부하면, 자신이 친구보다 돈을 더 중시하는 사람으로 평판이 나고, 소크라테스와 그의 친구들이 용기가 없는 사람들로 평판이 나게 될 것을 우려한다. 이에 소크라테

---

[*] 46b~49e에서 원칙으로 제시된 것들을 세세하게 열거해 보면 다음과 같다.
   ① 판단들 가운데 어떤 것에는 주의를 기울여야 하되, 어떤 것에는 그렇게 해서는 안 된다(46d).
   ② 사는 것이 아니라 훌륭하게 사는 것을 가장 중시해야 한다(48b).
   ③ 훌륭하게 사는 것과 아름답게 사는 것과 정의롭게 사는 것은 같다(48b).
   ④ 결코 정의롭지 못한 짓을 해서는 안 된다(49b).
   ⑤ 정의롭지 못한 짓을 당하더라도 보복으로 정의롭지 못한 짓을 해서는 안 된다(49b).
   ⑥ 남에게 해를 입혀서는 안 된다(49c).
   ⑦ 해를 입더라도 보복으로 해를 입혀서는 안 된다(49c).
   ⑧ 누군가가 다른 누군가와 합의한 것들이 정의롭다면, 그는 그것들을 이행해야 한다(49e).

스는 사람들의 판단 혹은 평판(doxa)과 관련해 크리톤의 동의를 얻어 원칙 하나를 확립한다. 그의 원칙은 "판단들 가운데 어떤 것에는 주의를 기울여야 하되, 어떤 것에는 그렇게 해서는 안 된다"(46d)는 것이다. 이것은 "사람들의 모든 판단을 존중할 것이 아니라, 어떤 것은 그렇게 해야 하되 어떤 것은 그렇게 해선 안 되고, 또한 모든 사람의 판단들을 존중할 것이 아니라, 어떤 사람의 것은 그렇게 해야 하되 어떤 사람의 것은 그렇게 해서는 안 된다"(47a)는 것을 뜻한다. 그러면 어떤 판단, 그리고 어떤 사람의 판단을 존중해야 하는가? 소크라테스는 좋은 판단, 즉 분별 있는(phronimos) 사람들의 판단을 존중해야 한다고 본다. 이어서 그는 분별 있는 사람의 예로 어떤 분야에 정통한 사람 혹은 전문 지식을 지닌 사람(ho epaiōn)을 거론하면서 몸을 돌보는 일과 혼을 돌보는 일 사이의 유사성에 기초한 유비논증을 펼쳐, 우리가 진정 주의를 기울일 것은 혼과 관련해 전문 지식을 가진 사람의 판단임을 다음과 같이 밝힌다.

신체 단련을 할 때 건강을 돕는 것과 질병을 낳는 것과 관련해서 모든 사람의 판단이나 다수의 판단이 아니라, 오직 의사나 체육 선생인 한 사람, 즉 전문 지식을 가진 한 사람의 판단에 따라야 한다. 만일 이렇게 하지 않고, 전문 지식을 갖지 못한 다수의 판단을 존중한다면, 그는 몸을 망치게 된다.

마찬가지로 정의로운 것과 정의롭지 못한 것, 부끄러운 것과 아름다운 것, 좋은 것과 나쁜 것과 관련해서도 다수의 판단이 아니라 전문 지식을 가진 한 사람의 판단에 따라야 한다. 이렇게 하지 않는다면, 정의로운 것에 의해서는 더 좋게 되고 정의롭지 못한 것에 의해서는 파멸된다고 하던 대상을, 즉 혼을 파괴하고 손상시키게 된다.

그런데 건강을 돕는 것에 의해서는 더 좋아지지만 질병을 낳는 것에 의해서는 파괴되는 대상인 몸을 전문 지식이 있는 사람들의 판단에 따르지 않음으로써 망친다면, 우리의 삶은 결코 살 만한 가치가 없다. 그렇다면 정의롭지 못한 것에 의해서는 손상되고 정의로운 것에 의해서는 이로움을 얻는 대상이며, 더욱이 몸보다 훨씬 더 귀한 대상인 혼이 파괴되었을 경우에는 우리의 삶이 살 만한 가치가 있을 리가 없다.

그리하여 소크라테스는 크리톤에게, "우리는 다수의 사람이 우리에 대해 뭐라고 말할 것인지에 그토록 크게 주목할 게 아니라, 정의로운 것들과 정의롭지 못한 것들에 관해 전문 지식을 가진 한 사람과 진리 자체가 뭐라고 말할 것인지에 주목해야 하네"(48a)라고 말한다.

3) 정의의 원칙들과 탈옥의 문제(48a~50a)

(1) 그저 사는 것이 아니라 정의롭게 살아야 한다(48a~b)

소크라테스는 다수의 판단보다는 전문가 한 사람의 판단을 존중해야 한다는 점을 역설한 후, "분명 다수의 사람은 우리를 죽일 수 있다"(48a)고 누군가가 말할지도 모른다고 덧붙인다. 이런 문제 제기는 사실상 앞에서(44d) 크리톤도 한 바 있다. 그는 다수의 사람이 '가장 큰 해'를 줄 수 있다고 말했는데, 그 해란 사형을 뜻하는 것으로 볼 수 있기 때문이다. 거기서 소크라테스는 다수의 사람이 엄밀하게는 가장 큰 해도 가장 큰 이로움도 줄 수 없다는 견해를 펴고 넘어갔는데, 여기서는 그 문제 제기를 다른 관점에서 다룬다.

소크라테스는 다수의 사람이 그런 힘이 있다고 누군가가 말함 직하다고 인정하지만, 그렇다 해도 앞에서 살펴본 '다수의 판단'에 관한 원칙은 바꿀 이유가 없다고 본다. 그리고 "사는 것(to zēn)이 아니라 훌륭하게 사는 것(to eu zēn)을 가장 중시해야 한다"(48b)는 원칙을 추가로 제시한다. 이런 원칙과 같은 취지의 언급들이 다른 초기 대화편들에서도 발견된다. 『고르기아스』(512e)에서 그는 삶에 대한 애착을 가져서는 안 되고, 주어진 생애에 어떻게 하면 가능한 한 훌륭하게 살 수 있는지를 생각해야 한다고 역설한다. 『변명』(28b~c)에서도 소크라테스는 생사의 위험을 고려할 것이 아니라 행위를 할 때 오직 정의로운 일을 행하는 것인지 정의롭지 못한 일을 행하는 것인지, 훌륭한 사람이 할 일을 행하는 것인지 못된 사람이 할 일을 행하는 것인지를 생각해야 한다고 역설한다.

그러니까 소크라테스는 다수의 사람에 의해 죽게 되더라도 훌륭하게 사는 쪽을 택해야 한다는 입장이다. 그런데 그에게는 훌륭하게 사는 것은 부끄럽지 않게, 즉 아름답게 사는 것이고, 또한 정의롭게 사는 것을 뜻한다. 그래서 "훌륭하게 사는 것과 아름답게 사는 것과 정의롭게 사는 것이 같다"(48b)는 또 하나의 원칙이 제시되고, 크리톤도 이 원칙에 동의한다.

(2) 탈옥은 정의로운 것인가(48b~d)

이제 소크라테스는 앞서 합의한 원칙들*에 근거해서 탈옥의 문제를 새롭게 정립하고자 한다. 그 원칙들에 따르면 다수의 판단은 고려할 사안이 아니고, 훌륭하게(eu) 사는 것·아름답게(kalōs) 사는 것·정의롭게(dikaiōs) 사는 것을 무엇보다도 중시해야 한다. 그러므로 우리가 무슨 행위를 할 때 고려해야 할 것은 그것이 과연 좋은 것(agathon)**인가 아닌가, 아름다운 것(kalon)인가 아닌가, 정의로운(dikaion) 것인가 아닌가 하는 것이다. 이 대화편에서 소크라테스는 이 세 가지 용어 중 '정의로운' — '정

---

* ① "판단들 가운데 어떤 것에는 주의를 기울여야 하되 어떤 것에는 그렇게 해서는 안 된다"(46d), ② "사는 것(to zēn)이 아니라 훌륭하게 사는 것(to eu zēn)을 가장 중시해야 한다"(48b), ③ "훌륭하게 사는 것과 아름답게 사는 것과 정의롭게 사는 것이 같다"(48b).

** '좋은 것'의 그리스어는 'agathon'이고 이것의 부사형은 'eu'(훌륭하게)이다.

의롭게', '정의' — 을 대표적인 핵심어로 사용한다. 그래서 이제 고찰해야 할 문제는 "아테네인들이 나를 석방해 주지 않았는데도 내가 여기서 나가려 시도하는 것이 정의로운지 정의롭지 못한지"(48b~c) 하는 것이 된다. 이 문제는 원칙들에 대한 논의 전개에 앞서 제기되었던 문제, 즉 "우리가 그렇게 실행해야 할지, 말아야 할지"(46b) 하는 문제를 더 분명하게 새롭게 정립한 것이다. 그러니까 탈옥의 실행 여부를 결정할 때 무엇보다도 탈옥이 정의로운 것인지를 알아야 한다는 것이 소크라테스의 생각이라 할 수 있다.

(3) 정의의 세 원칙(48d~49e)

소크라테스는 탈옥의 시도가 정의로운 것인지를 고찰하기 위한 출발점(archē)을 확립하고자 한다. 출발점이란 논증의 전제 혹은 근거를 가리키는 것인데, 원칙들이 그 출발점 역할을 한다. 여기서 출발점으로 제시되는 원칙들은 탈옥의 정의로움 여부를 판별하기 위한 것으로서, 앞에서 언급된 원칙들과 구분하여 '정의의 원칙들'이라고 일컫기로 한다. 소크라테스는 이런 원칙들을 확립함에 있어 크리톤에게 반박을 할 수 있다면 그렇게 하고, 최대한 그가 생각한 대로 대답해 달라고 요청한다. 크리톤은 전통적인 정의관을 갖고 있었던 것으로 보이며, 따라서 그런 정의관을 넘어서는 소크라테스의 정의관에 접해 조심스럽게 답변을 한다.

그러면 소크라테스가 제시하는 정의의 원칙들을 정리해 보기로 한다. 그는 다수가 동의하든 않든, 어떤 일을 겪게 되든, 정의롭지 못한 짓을 하는 것이 결코 좋은 것도 아름다운 것도 못 되며, 그 짓을 하는 사람에게 모든 경우에 나쁘고 부끄러운 것이라는 데 크리톤의 동의를 얻어 낸다. 그래서 그는 먼저 "결코 정의롭지 못한 짓을 해서는 안 된다"는 원칙을 도출해 낸다. 그리고 이어서 네 가지의 원칙을 추가한다. 그 다섯 가지 원칙들은 다음과 같다.

① 결코 정의롭지 못한 짓을 해서는 안 된다(49b).

② 그러니 정의롭지 못한 짓을 당하더라도, 다수의 사람이 생각하듯이, 보복으로 정의롭지 못한 짓을 해서는 안 된다. 정의롭지 못한 짓은 결코 해서는 안 되기 때문이다(49b).

③ 해를 입히는 일을 해서는 안 된다(49c).

④ 해를 입더라도, 다수의 사람이 말하듯이, 보복으로 해를 입혀서는 안 된다. 아마도 사람들을 해롭게 하는 것은 정의롭지 못한 짓을 하는 것과 전혀 다르지 않기 때문이네(49c).

⑤ 누군가가 다른 누군가와 합의한 것들이 정의롭다면, 그는 그것들을 이행해야 한다(49e).

위에서 밑줄 그어 놓은 부분들이 정의의 원칙들에 해당한다. 이 원칙들 ①~⑤는 관점에 따라 하나로 볼 수도 있고 여럿으로 볼 수도 있다. 먼저 그것들이 어떻게 하나로 여겨질 수 있는지를 알아보기 위해 ①과 ③의 관계부터 살펴보자. 소크라테스는 이 두 원칙을 사실상 하나의 원칙이라고 생각한 것으로 보인다. 그는 사람들을 해롭게 하는 것이 정의롭지 못한 짓을 하는 것과 전혀 다르지 않을 것 같다고 말하기 때문이다.* 그런데 ①과 ③이 하나라면, ②와 ④도 하나라고 할 수 있다. 그리고 ①(③)은 ②(④)보다 더 일반적인 원칙으로서, 이것을 포섭하는 것으로 볼 수 있다. 더 나아가 ①은 ⑤도 포섭하는 것으로 볼 수 있다. ①은 정의로운 일을 해야 한다는 것과 다른 얘기가 아닐 것인데, ⑤는 이 원칙을 '합의'나 '약속'의 경우에 적용한 것이기 때문이다. 그러니까 나머지 원칙들은 다 ①에 포섭된다는 점에서, 정의의 원칙들은 하나라고 할 수 있다.

다른 한편, ①~⑤를 여럿으로 볼 수도 있는데, 이 경우 실제로 그것들을 몇 가지로 보는 게 적절한지는 논란이 있을 수 있다. 역자는 일단 그것들을 다섯 가지로 언급했지만, 소크라테스는 그것들을 두 가지 원칙으로 생각한 듯이 보이기도 한다. 49e~50a를 보면 그는 탈옥의 문제를 단지 두 가지 원칙, 즉 ③

---

* ④에 덧붙여 있는 구절.

과 ⑤와 관련해서만 언급하기 때문이다. 이는 그가 ⑤ 이외의 ①
~④를 상이한 원칙들로 보지 않고 하나의 원칙으로 생각했음을
보여 주는 듯하다. 그러나 그가 ①~④를 하나하나 열거하지 않
고 ③만을 언급한 것은 단지 생략적인 표현일 뿐이라고 보는 게
옳을 것이다. 다시 말해 그는 반복적으로 길게 언급하는 번거로
움을 피하고자 했던 것으로 보인다. 대화편 속에서 사실 그는 조
금 전에(49d) 탈옥의 문제에 대한 숙고의 출발점이 될 원칙들로
서 세 가지를, 즉 ①, ②, ④를 분명히 구분해서, "정의롭지 못한
짓을 하는 것도, 보복으로 정의롭지 못한 짓을 하는 것도, 해를
입었을 때 보복으로 해롭게 하여 자신을 지키는 것도 결코 옳지
않다는 것"을 언급했기 때문이다.*

그뿐만 아니라 소크라테스가 법률을 의인화해서 내세워 탈옥
의 문제를 검토하는 대목에서도, 그는 의식적으로 원칙들을 적
어도 셋 이상으로 구분하여 그 문제에 적용하고 있음을 알 수 있
다. 즉 4장에서 살펴볼 것이지만, 법률은 탈옥이 정의의 원칙들
을 어기는 것임을 밝히기 위해 세 가지 논변을 펴는데, 그 하나

---

* 소크라테스가 ③을 언급하지 않은 것은 ③과 ①이 같다고 보기 때문일 것이
다. 다음 단락에서 분석한 54c 부분에서는 ①이 언급되지 않고 ③만 언급되
고 있다. 특히 여기서 유의할 점은 소크라테스가 한결같이 ①이나 ③과 별도
로 보복을 금하는 원칙인 ②나 ④를 구분하여 언급하고 있다는 점이다. 그가
왜 그랬는가에 대해서는 이 소절 말미에서 살펴보았다.

는 ③이나 ①에 의거한 것이고, 다른 하나는 ②나 ④에 의거한 것이며, 그리고 셋째 것은 ⑤에 의거한 것이다. 더 나아가 원칙들의 이런 구분은 대화편 말미에서도 나온다. 이를테면 54c에서 법률은 소크라테스에게 "당신이 아주 부끄럽게도 보복으로 정의롭지 못한 짓을 하고, 보복으로 해를 입히고, 당신 자신이 우리와 맺은 합의와 계약을 어기며, 특히나 해를 주어서는 안 될 이들에게 … 해를 주고서 여기서 나간다면 … "이라고 말하는데, 이 구절에서는 ②, ④, ⑤, ③이 구분되어 열거됨을 알 수 있다.

이처럼 소크라테스는 정의의 원칙을 한두 가지로 표현하기보다는 더 세분해서 드러내고자 한다. 그리고 그는 원칙 ①~⑤를 하나하나 크리톤과 문답을 해 가며 확립했을 뿐 아니라 이후의 논의에서도 하나하나를 분명히 의식하면서 그것들을 탈옥의 문제에 적용한 것으로 볼 수 있다. 그러므로 이 대화편을 분석할 때 ①~⑤를 두루 사용하는 게 적절하고, 느슨한 의미에서는 그것들을 다섯 가지의 원칙이라 부를 수도 있겠다.

그러나 소크라테스가 다섯 가지 중에 ①과 ③을, 그리고 ②와 ④를 같은 것들로 여기므로, 좀더 엄밀한 의미에서는 ①~⑤를 세 가지 원칙으로 보는 게 옳다. 즉 ①(③), ②(④), ⑤를 세 원칙으로 볼 수 있다는 것이다. 원칙을 이처럼 세 종류로 나누어 보아야 의인화한 법률의 연설을 제대로 분석할 수 있다. 앞서 지적했듯이, 바로 그 세 원칙들은 탈옥의 부당성을 밝히는 세 논변에서 각기 활용되고 있기 때문이다.*

그런데 소크라테스는 왜 ①(③)과 ②(④)를 구분하려 했을까? 그는 자신의 정의관이 대중의 정의관, 즉 전통적 정의관과는 근본적으로 다르다는 점을 분명히 하려 했던 것으로 보인다. 당시 대중(다수의 사람)도 원칙 ①이나 ③에는 쉽게 동의했을 것이다. 하지만 보복금지 원칙 ②나 ④는 대중이 수용하기 힘들었을 것이다. 당시 대중은 보복을 정의의 기본 원리로 삼았던 전통적 정의관을 갖고 있었기 때문이다. 크리톤도 대중과 같이 전통적 정의관 혹은 전통적 도덕관을 가진 인물이라는 점은 이 대화편의 여러 곳에서 확인할 수 있다.

소크라테스가 극복하고자 했던 정의관을 기원전 7세기의 아르킬로코스(Archilochos)가 잘 보여 준다. 그는 "나는 내게 해를 입힌 사람에게 고약한 치욕을 되갚아 줄 수 있는 큰 하나의 기지를 갖고 있다"(단편, 61(48))고 말한다. 이는 보복할 수 있는 능력이 있음을 자랑스럽게 말하는 구절로 보인다. 이처럼 대중은 보복적 정의관을 갖고 있으며, "친구들은 이롭게 하되 적들은 해롭게 하는 것"**을 정의의 주요 원칙으로 삼았던 것으로 보인

* 역자는 원칙들에 관한 논의와 법률의 연설이 상호 긴밀한 관계가 있다고 보고 있으며, 4장에서 법률의 연설에 담긴 세 논변에 원칙들이 어떻게 적용되는지를 살펴보았다.

** 이 구절은 『메논』 71e, 『국가』 332e, 334d~e, 362b 등에서 볼 수 있다.

다.* 소크라테스는 이런 전통적 정의관을 포기하는데, 이는 그의 지극히 혁신적인 도덕론의 일부이다.**

(4) 탈옥이 정의의 원칙들에 부합하는가(49e~50a)

소크라테스는 정의의 원칙들을 크리톤의 동의를 얻어 확립한 후, 그에게 다음과 같이 말한다.

(a) 이것들에 근거해서 살펴보게나. 우리가 나라를 설득하지 않고 여기서 떠난다면, (b) 어떤 이들을, 그것도 전혀 해롭게 해서는 안 될 이들을 해롭게 하는 것인가, 아닌가? 그리고 그렇게 한다면 (c) 우리는 우리가 합의한 정의로운 것들을 준수하는 것인가, 아닌가?

이 인용절에서 (a)는 정의의 원칙들에 근거해서 탈옥의 문제를 살펴보자는 것이다. 그리고 (b)와 (c)는 탈옥할 경우 정의의 원칙들을 지키는 것인지를 묻는 것이다. 즉 (b)는 탈옥이 원칙 ③(①)에 부합하는지 묻는 것이고, (c)는 탈옥이 원칙 ⑤에 부합하는지 묻는 것이다. 여기서는 두 원칙만이 언급되었지만, 아테네 법률

---

* J. Burnet(1977), pp. 278~279 참고.

** C. D. C. Reeve(2002), p. 71, 주 20.

의 연설에서는 보복금지의 원칙인 ②(④)도 중요하게 활용된다는 점도 유의해야 한다.

앞에서 인용한 물음에 크리톤은 "소크라테스, 나는 자네가 묻는 것에 대답할 수가 없다네. 나는 그것을 이해하지 못하고 있거든"(50a4~5)이라고 답한다. 이 대답을 어떻게 해석해야 하는가에 대해 학자들 사이에 의견이 갈린다. 그 양쪽 입장을 간략히 정리해 보면 다음과 같다. 한쪽에서는 이 대답이 크리톤의 이해력 부족과 비철학적인 면모를 보여 주는 것이고, 그래서 소크라테스는 철학적 논의를 통해 자신의 진지한 생각을 밝히는 일을 포기하고, 그저 수사적인 설득을 위해 법률을 내세우게 된 것으로 해석한다. 그런가 하면 다른 쪽에서는, 소크라테스가 철학적 논의를 포기하지 않았고 법률의 연설에도 그의 진지한 생각이 반영되어 있다고 본다.

앞쪽의 주장이 맞다면 크리톤의 답변 전후의 논의가 긴밀하게 연속성을 가질 수 없을 것이지만, 실은 그렇지 않다고 역자는 본다. 그리고 크리톤의 대답은 단순히 물음의 의미를 이해하지 못했다는 것을 뜻하는 것 같지는 않다. 그 물음의 의미는 사실상 분명하기 때문이다. 그러니까 크리톤은 탈옥이 구체적으로 어떤 점에서 정의의 원칙들에 부합하거나 그렇지 않은지를 제대로 알지 못하겠다고 말하는 것으로 볼 수 있다. 그리고 이는 그가 그 부합 여부를 제대로 설명할 수 없음을 뜻하는 것이기도 하다. 사실 다음에 전개되는 의인화한 법률의 연설을 보면, 탈옥이 원칙들에 부합하는지 여부를 설명하는 것은 그다지 쉬운 일이 아니다.

4. 소크라테스가 내세운, 의인화한 법률의 연설(50a~54d)

1) 정의의 원칙들과 연관된 법률의 세 논변(50a~53a)

소크라테스는 "법률과 국가 공동체가 여기서 달아나려는 우리에게 다가와 앞에 서서" 탈옥을 해서는 안 된다고 역설하는 것으로 가정한다. 의인화한 법률은 탈옥이 정의의 원칙들을 어기는 것이며, 따라서 정의롭지 못한 것임을 세 가지 논변을 통해 밝힌다(50a~53a).*

(1) 탈옥은 법률과 나라를 파멸시키는 것이며, 이는 정의롭지 못하다(50a~b)

아테네 법률의 첫째 논변의 요지는 다음과 같다.

나라에서 법정 판결들이 무력하게 되고 개인들에 의해 효력을 상실하고 파괴된다면, 나라가 전복되지 않고 계속 존립할 수는

---

* 법률의 연설에 대해서는 많은 연구가 있었지만, 법률의 세 가지 논변에 정의의 원칙들이 어떻게 적용되고 있는지를 분명히 드러내 준 연구 결과는 찾아보기 힘들다.

없을 것이다. (그런데 탈옥은 판결을 무력화시키고 파기시키는 것이다.) 따라서 탈옥은 나라 전체를 파멸시킬 것이다.

→ 이 논변의 결론은 "우리가 나라를 설득하지 않고 여기서 떠난다면, 어떤 이들을, 그것도 특히나 해롭게 해서는 안 될 이들*을 해롭게 하는 것인가, 아닌가?"(49e~50a) 하는 물음, 즉 탈옥이 정의의 원칙 ③을 준수하는 것인가 하는 물음에 대한 응답이다. 그런데 그 결론대로 탈옥이 나라 전체를 파멸시킨다면, 탈옥은 원칙 ③(①), 즉 해를 입히는 것을 금하는 원칙을 어기는 것이며, 따라서 정의롭지 못한 것이 된다.

(2) 부당한 판결 때문에 탈옥하는 것은 보복으로 법률과 조국을 파멸시키는 것이며, 이는 정의롭지 못하다(50c~51c)

50c1~3에서 넌지시 암시되어 있듯이, 이번에는 "나라가 우리에게 정의롭지 못한 짓을 하고 판결을 옳게 내리지 못했기 때문에" 소크라테스가 보복적으로 탈옥을 하는 경우를 상정한다. 이 경우와 관련해서 아테네 법률이 소크라테스에게 하는 이야기의 요지는 다음과 같다.

당신은 우리들(법률과 조국)에 의해 태어나서 양육되고 교육을

---

* '결코 해롭게 해서는 안 될 이들'에는 의인화되어 있는 조국과 법률까지 포함된다(54c).

받았으므로, 우리들의 자손이나 노예인 셈이다. 그렇다면 당신과 우리에게는 정의로운 것이 대등하지 않다. 따라서 우리가 당신에게 하려는 것이 무엇이든 이를 당신이 우리에게 '되갚아 행하는 것'은 정의롭지 못하다. 그러니 우리가 당신을 파멸시키려한다고 해서, 당신이 보복으로 우리를 파멸시키려 하는 것은 정의롭지 못하다. 조국을 설득하거나, 조국이 명령하는 것은 무엇이든 이행하는 것이 정의롭고 경건한 것이다.

　→ 이 둘째 논변에서는 소크라테스의 탈옥이 법률과 조국에 '보복으로 해를 입히는 행위'로 규정되고, 이런 행위는 정의롭지 못하다는 결론에 이른다. 이 결론은 일차적으로 정의의 원칙 ④ (②), 즉 보복으로 해를 입히는 것을 금하는 원칙에 근거한 것임이 분명하다. 그런데 법률의 연설은 당면한 문제 상황에서는 소크라테스가 보복으로 해를 입힐 대상이 바로 부모나 주인에 비유될 수 있는 법률이나 조국임을 부각시키고, 더 나아가 '조국이 어머니나 아버지 혹은 그 밖의 모든 조상보다도 더 영예롭고 더 존엄하며 더 성스럽고 더 존귀하다'(51b)는 점을 환기시킴으로써 탈옥이 정의롭지 못함을 한층 더 강조하는 것으로 볼 수 있다.

　(3) 탈옥은 정의로운 계약과 합의를 파기하는 것이며, 이는 정의롭지 못하다(51c~53a)

아테네 법률의 셋째 논변에서는 탈옥이 소크라테스와 법률 사이의 정의로운 계약과 합의를 파기하는 것임을 다음과 같이 밝히고 있다.

아테네 법률은 시민들이 나라에서 시행되는 일들과 법률을 살펴보고서 만족스럽지 못하면, 자신의 소유물을 갖고 원하는 다른 나라로 가는 것을 허용한다. 그러나 소크라테스는 이 나라에서 이루어지는 판결 방식과 그 밖의 경영 방식을 보고서도 이 나라에 머물러 있다. 또한 그는 국외로 나간 일이 한 번밖에 없으며, 이 나라에서 아이까지 낳았다. 더욱이 재판 당시 그는 추방형을 제의하기보다 죽음을 택하기도 했다. 그러므로 이 나라가 그에게 만족스러웠다고 할 수 있다.* 다시 말해, 그가 이 나라 법률의 지배 아래 시민으로 살기로 합의를 한 것이라 할 수 있다.

더 나아가 아테네 법률은 그 합의의 절차나 내용도 정의로웠음을 역설한다. 즉 합의가 강요에 의한 것도, 기만에 의한 것도, 짧은 시간에 이루어진 것도 아니고, 70년 동안 숙고하여 이루어진 것이다. 그리고 '합의가 그에게 정의로운 것으로 보이지 않았다면' 다른 나라로 갔을 것인데, 그렇게 하지 않았으니 그 합의가 그에게는 정의로운 것으로 보였다는 것이다.

---

* 이 논증에서는 조건논증의 후건부정식이 활용되고 있다.

이처럼 소크라테스가 아테네 법률에 따르기로 합의를 했고 그 합의가 정의롭기도 하므로, 탈옥은 정의로운 합의를 파기하는 것이라는 결론에 이른다.

→ 탈옥이 그런 것이라면, 탈옥은 정의의 원칙 ⑤, 즉 "누군가가 다른 누군가와 합의한 것들이 정의롭다면, 그는 그것들을 이행해야 한다"는 원칙을 어기는 것이며, 따라서 정의롭지 못한 것이 된다.

2) 크리톤의 권유와 관련한 법률의 연설(53a~54d)

크리톤이 탈옥을 권유하는 이유들과 관련하여 소크라테스는 법률이 다음과 같이 말할 것이라고 본다.

(1) 탈옥은 친구들에게 피해를 줄 것이다(53b)

친구들은 추방, 시민권 박탈, 재산 몰수 등의 피해를 입을 것이다.

(2) 탈옥해서 어느 나라로 가든 철학적 논의는 할 수 없을 것이다(53b~54a)

① 탈옥해서 훌륭한 법을 갖춘 나라인 테베나 메가라로 갈 경우

  - 그는 법률의 파괴자로 여겨져 의혹의 눈초리를 받을 것

이다.

- 그는 그의 재판관들이 내린 판결을 정당화시켜 주는 꼴이 될 것이다.
- 반듯한 사람들을 상대로 덕과 정의 등에 관해 논의를 떳떳하게 할 수 없을 것이다.

② 극도의 무질서와 방종이 판치는 테살리아로 갈 경우

- 그곳 사람들은 변장하고 어떤 꼴로 얼마나 우습게 달아났는지를 재미나게 들을 것이다.
- 살날도 얼마 남지 않은 노인이 법률을 어기면서까지 살고자 욕심을 부렸다는 말을 들을 것이다.
- 그런 말을 안 들으려면 사람들의 비위를 맞추며 노예처럼 살아야 할 것이다.
- 결국 정의와 그 밖의 덕에 관해 논의를 할 수 없을 것이다.

(3) 탈옥이 자식들의 양육과 교육에 더 도움이 될 것도 없다
(54a~b)

자식들의 양육과 교육에 대해서는 염려할 것 없다. 탈옥해서 다른 나라로 가든 탈옥하지 않고 하데스(저승)로 가든, 그와 상관없이 친구들이 잘 돌봐 줄 것이다.

(4) 탈옥은 이승에서뿐 아니라 저승에서도 당신에게 더 좋은 일이 아니다(54b~d)

① 탈옥하지 않고 저승에 가는 경우
  - 사람들한테서 정의롭지 못한 일을 당한 상태로 저승에 갈 것이다.
  - 저승에서 자신의 정의로움을 내세워서 자기 변론을 할 수 있다.
② 탈옥하고 저승에 가는 경우
  - 정의의 원칙들을 어겨 정의롭지 못한 짓을 한 상태로 저승에 갈 것이다.
  - 법률조차 파멸시키려 한 자로서 저승에 갈 것이다.
  - 하데스의 법률이 반겨 맞이하지 않을 것이다.

5. 소크라테스의 마지막 언급(54d~e)

1) 코뤼반테스 의식 참가자의 비유

요란한 아울로스의 연주 소리에 맞춰 열광적으로 춤을 추는 의식에 참가했던 사람들에게 의식이 끝난 후에도 그 연주 소리가 들리는 것으로 느끼듯, 소크라테스에게 법률의 연설이 계속 윙윙거리며 다른 것을 들을 수 없게 한다고 말한다.

2) 신에 대한 언급

크리톤이 설득되어 더는 할 말이 없다고 하자, 소크라테스는 신께서 인도하시는 대로 하자며 대화를 끝맺는다.

II. 『크리톤』이 남긴 주요 문제
— 악법도 법인가?

1. 악법과 관련한 소크라테스의 역설

소크라테스는 악법도 법이라는 말을 남기고 독배를 든 철학자로 널리 알려져 있다. 다시 말해 그는 악법에 의해 사형선고를 받았지만, 악법도 법이라는 신념에 따라 탈옥을 거부하고 죽음을 택했다고 전해져 왔다. 그런데 그가 악법도 법이라는 말을 했음을 확인할 수 있는 전거는 어디에서도 찾아볼 수 없다. 그리고 『크리톤』을 보면, 그가 사형선고를 받은 것은 악법 때문이 아니라 배심원들의 잘못된 판결 때문이었던 것으로 여겨진다. 의인화한 법률은 소크라테스가 "법률인 우리한테서가 아니라 사람들한테서 정의롭지 못한 짓을 당했다"고 말하기 때문이다(54b~c).*

---

* 『크리톤』 50c, 53b~c에도 판결이 잘못되었음을 암시하는 언급이 있다.

그런데 소크라테스가 악법도 법이라는 말을 하지 않았다는 것도, 그가 악법 때문에 사형선고를 받은 것이 아니라는 것도, 그가 악법도 법이라는 사상을 갖고 있지 않았음을 입증해 주는 것은 아니다. 따라서 우리는 여전히 그가 "악법도 법이다"(악법도 지켜야 한다)라는 사상을 갖고 있었는지 살펴볼 필요가 있다.* 하지만 이 문제는 쉽게 답을 얻을 수 없는 것으로 보인다. 왜냐하면 이 문제와 관련해서는 플라톤의 두 대화편, 『변명』과 『크리톤』이 주된 분석 대상이 되는데, 이 대화편들 속에서 소크라테스는 악법과 관련해 모순된 입장을 갖고 있는 듯이 보이기 때문이다. 먼저 그 모순된 측면을 살펴보자.

악법도 법이라는 사상은 『크리톤』의 후반부 중 법률의 연설 부분, 특히 법률과 조국이 시민을 자손(어린이)과 노예에 비유하여 연설하는 대목(50c~51c) 혹은 더 좁히면 51b~c 부분에서 엿볼

---

* 여기서 "악법도 법이다"의 의미를 분명히 해 두는 게 좋을 것 같다. 우선 역자는 '악법'이라는 말로 일차적으로는 '정의롭지 못한 법'이라는 뜻으로 사용하지만, 경우에 따라서는 그것과 '적법하지만 정의롭지 못한 명령' — 이것을 편의상 '정의롭지 못한 법적 명령'이라고 표현했다 — 을 포괄하는 넓은 의미로도 사용했다. 그러면 "악법도 법이다"라는 말은 무슨 뜻으로 보아야 할까? 이 말은 분류적 의미에서 사용할 수도 있고 — 이런 의미에서는 적법 절차에 따라 제정된 법은 악법이냐 아니냐에 상관없이 다 법이 된다 — 평가적(혹은 당위적) 의미에서 사용할 수도 있을 텐데, 이 글에서는, 일반적으로 그러하듯이, 후자의 의미로 사용했다. 즉 악법도 법이라는 말은 악법도 지켜야 한다는 것을 함축한다는 것이다.

수 있다. 아마도 악법도 법이라는 말은 훗날 누군가가 이 부분을 보고 유추해서 만들어 낸 것으로 보인다. 이 부분에서는 법률과 조국이 명령하는 것은 무엇이든 이행해야 한다는 식의 주장이 펼쳐지기 때문이다. 이런 주장은 정의롭지 못한 법적 명령에도 복종해야 한다는 것을 함축하는 것으로 보인다.

반면에 『변명』(29c~30c)에서는 악법은 단호히 지키지 않을 소크라테스의 모습을 접하게 된다. 거기서 그는 철학을 그만둔다는 조건으로 배심원(재판관)들이 자신을 석방해 주되 계속 철학을 하다가 붙잡히면 죽게 할 것이라고 말하는 경우를 상정한다. 그리고 그는 배심원들이 이런 조건으로 자신을 석방하고자 한다면, 그들보다는 철학함을 자신의 사명으로 부여한 신에게 복종하겠다고 단호하게 말한다(29c~d). 그리고 그는 자신이 이제까지 해 온 일, 즉 철학을 하는 일 말고 "다른 걸 하는 일은 없을 것이며, 설령 몇 번이고 죽는다 할지라도 그렇게 하지 않겠다"(30a~c)고 비장하게 말한다. 이 예는 정의롭지 못한 법적 명령에 대해선 단호히 불복종할 소크라테스의 모습을 단적으로 보여 준다. 이처럼 목숨보다도 철학을 더 귀하게 여긴 소크라테스에 대해 배심원들이 그를 석방해 주되 철학을 금하는 판결을 내렸다면, 그가 어떻게 처신했을지는 너무도 분명해 보인다. 그는 철학을 금하는 명령에 불복종했을 것이다.

『변명』에는 『크리톤』 후반부의 내용과 상충하는 것으로 보이는 대목이 하나 더 있다. 소크라테스는 죽음의 위험을 무릅쓰면서까지 30인 과두정권의 명령을 거부한 일화를 전해 준다. 이 과두정권이 살라미스 사람 레온을 부당하게 사형에 처하기 위해 소크라테스를 포함해 다섯 사람에게 그를 연행해 오도록 지시했을 때, 그는 이 일이 '정의롭지 못하다'고 판단해 연행에 가담하지 않고 집으로 돌아갔다고 한다. 재판정에서 그는 이 일을 회고하며 "만일 그 정권이 빠르게 무너져 버리지 않았더라면, 아마도 이 일 때문에 난 죽었을 겁니다"라고 말한다(32c~d). 이 예도 그가 정의롭지 못한 법에는 죽음을 무릅쓰면서까지 불복종하는 인물임을 분명히 보여 준다. 이런 점에서 그는 시민 불복종의 선구였던 것으로 보인다.

이처럼 『변명』의 두 예와 『크리톤』의 후반부에 나오는 법률의 연설 부분은 정의롭지 못한 법적 명령과 관련해 서로 모순된 내용을 담고 있는 것으로 보인다. 더 나아가 이런 모순된 측면은 『크리톤』 자체 내에서도 발견된다. 이 대화편의 전반부와 후반부는 서로 상충되는 논조를 보여 준다는 것이다. 즉 전반부에서 소크라테스는 "결코 정의롭지 못한 짓을 해서는 안 된다"는 원칙을 중시하는데(49b), 이 원칙에 따라 살고자 한다면, 정의롭지 못한 법적 명령에는 불복종해야 할 것이다. 그런 명령에 복종하면, 결국 정의롭지 못한 짓을 하는 셈이 되기 때문이다. 하지만 이는, 앞서 언급했듯이, 후반부에서의 법률의 연설과는 아주 달라 보인다. 거기서는 정의롭지 못한 법에도 복종해야 한다는 주장이 담겨 있는 것으로 볼 수 있기 때문이다.

그러니까 악법과 관련해서 소크라테스는 『크리톤』과 『변명』 사이에서뿐 아니라 『크리톤』 자체 내에서도 일견 모순된 입장을 보여 주고 있다고 할 수 있다. 그리하여 그는 악법 혹은 그것에 대한 불복종과 관련해서 소크라테스의 역설이라 해도 좋을 큰 논란거리를 남겼다. 그러면 소크라테스가 보여 준 모순된 측면을 어떻게 해석해야 할까? 이 문제와 관련해서는 아주 다양한 해석들이 존재하는데, 여기서는 간결하게 대표적인 세 가지 해석만을 검토해 보고, 역자 나름의 해석도 제시해 보았다.

2. 악법 관련 역설에 대한 기존의 해석들

앞서 살펴보았듯이 『크리톤』 전반부의 정의의 원칙이나 『변명』의 두 예를 보면, 소크라테스는 악법에는 복종할 것으로 보이지 않는다. 다른 한편 『크리톤』의 후반부에서 법률은 법률적 명령에는 무조건 복종해야 한다는 논조를 보여 준다. — 이는 악법에도 복종해야 한다는 것을 함축하는 것으로 여겨진다. — 이런 모순적 측면을 해소할 수 있는 길을 찾기 위해서는, 우선 『크리톤』의 후반부에 나오는 의인화한 법률의 견해도 소크라테스의 진지한 견해라고 할 수 있는가 하는 문제를 살펴볼 필요가 있다.

그러면 의인화한 법률의 견해도 소크라테스의 진지한 견해라고 본다면 어떨까? 이렇게 본다면, 왜 같은 소크라테스가 전반부와 후반부에서 모순된 견해들을 제시하는지를 설명해야 하는 큰 난제를 떠안게 된다. 이런 점에서 법률의 견해는 소크라테스의 진지한 견해가 아니라고 보는 해석은 큰 이점을 가지고 있는 것 같다. 이런 해석 노선에 있는 대표적인 학자로는 웨이스(R. Weiss)를 들 수 있다(Weiss, 1998). 그녀는 법률의 연설을 크리톤을 설득하기 위한 '고상한 거짓말' 즉 한갓 수사적 연설로 본다. 일반적으로 이러한 해석 노선에서는 크리톤이 이해력이 부족하고 비철학적이어서 소크라테스가 그와 철학적 논의를 하길 포기하고, 단지 크리톤을 설득하기 위해 법률을 의인화해 등장시켰다고 이해한다.

그러나 크리톤을 철학적 논의가 불가능한 인물로 보는 것이 적절한지는 의문이다. 플라톤의 대화편들에서 소크라테스와 철학적 논의를 하는 대화 상대자들이 모두 이해력이 뛰어나고 철학적 소양을 제대로 갖추고 있다고 볼 수 있을까? 그렇지는 않은 것 같다. 그리고 크리톤이 철학적 능력에 한계를 보이기는 하지만, 소크라테스는 줄곧 그와 철학적 논의를 해 왔던 것으로 보인다. 이를테면『크리톤』전반부에서 가장 철학적인 논의라 할 수 있는, 원칙들에 관한 논의 부분에서 소크라테스는 크리톤과 이전에도 여러 차례 같은 주제에 대한 철학적 논의를 했음을 다섯 군데(46d, 47a, 48b, 49a, 49b)에서 환기시키고 있다.

또한 소크라테스가 단지 설득만을 위해 자신의 생각과 다른 견해를 제시했다고 보는 것이 과연 옳은지도 의문이다. 소크라테스가 『에우튀데모스』와 같은 대화편에서 소피스트들을 논박할 때 이들의 논리를 역으로 이용해 설득만을 위한 논의를 전개하기도 하지만, 일반적으로는 그런 경우를 찾아보기 힘들다. 『크리톤』과 같은 아주 초기의 대화편들에서는 더욱 그러하다.

더욱이 웨이스식의 해석들은 『크리톤』의 전반부와 후반부를 단절적으로 보는 셈인데, 이것이 가장 큰 문제점이라고 할 수 있다. 「I. 작품 줄거리」의 3~4장에서 설명했듯이, 주의 깊게 살펴보면 소크라테스는 전반부에서 정의의 원칙들에 관한 논의를 한 다음에 후반부에서는 그 원칙들에 근거해서 탈옥의 문제를 검토하고 있음을 알 수 있기 때문이다. 역자가 보기에, 정의의 원칙들은 세 가지로 나눠 볼 수 있는데, 이 세 원칙을 법률은 자신의 세 가지 핵심 논변에 그대로 적용하고 있다. 그러므로 『크리톤』 전반부의 논의는 후반부의 논의와 상호 긴밀하게 연관되어 있다고 보는 것이 적절한 해석일 것이다.

대체로 학자들은 웨이스와 달리 법률의 견해도 소크라테스의 견해라고 본다. 따라서 전반부와 후반부의 관계도 단절적인 것으로 보지 않고 연속적인 것으로 본다. 하지만 이렇게 해석하는 학자들 사이에도 큰 관점 차이가 있다. 이를테면 소크라테스가 시민 불복종의 옹호자로서 일관된 모습을 지닌 것으로 해석하는 학자들이 있는가 하면, 이와 반대로 그를 철저한 준법정신의 화신처럼 해석하는 학자들도 있다.

먼저 소크라테스를 시민 불복종의 옹호자로 보는 학자들 가운데 대표 주자라 할 수 있는 크라우트(R. Kraut)의 견해를 살펴보자. 그는 『크리톤』의 후반부에서 "나라와 조국이 명하는 것은 무엇이든 이행하거나 아니면 정의로운 것이 본래 어떠한지에 대해 나라를 설득해야 한다"(51b~c)는 구절을 중시한다. 여기서 설득이라는 선택지가 있다는 것은 정의롭지 못한 법에 대한 불복종의 여지를 남기는 것으로 그는 해석한다. 그리고 그는 전반부에서 언급된 또 하나의 정의의 원칙, 즉 "합의한 것들은 이행해야 한다. 그것들이 정의로운 한에서"라는 원칙도 중시한다. '그것들이 정의로운 한에서'라는 단서는 불복종의 여지를 남긴다고 보는 것이다.*

크라우트의 견해에 대해서는 브릭하우스(T. C. Brickhouse)와 스미스(N. D. Smith)의 반론이 주목할 만하다. 그들은 소크라테스가 설득과 복종이라는 두 가지 선택지를 언급했지만, 설득에 실패하면 결국 복종하는 길만 남을 것이라고 본다. 그리고 그들은 소크라테스의 정의의 원칙이 정의롭지 못한 법에 불복종하라

* R. Kraut(2001), p. 293, 같은 이(1984), pp. 29~33, pp. 71~73.

는 것을 함축하는 것이 아니라, 오히려 철저한 준법을 강조하는 것으로 해석한다. 더 나아가 그들은 『변명』의 두 예조차도 시민 불복종의 예가 아니라고 본다.

사실 크라우트는 설득이라는 선택지를 지나치게 확대 해석한 것으로 보인다. 하지만 크라우트와 달리 브릭하우스와 스미스가 정의의 원칙이 준법을 강조하는 것으로 본 점은 수긍이 잘 안 간다. 왜냐하면 "결코 정의롭지 못한 짓을 해서는 안 된다"(49b)는 원칙은 오히려 정의롭지 못한 법적 명령에 복종해선 안 된다는 것을 함축하는 것으로 보이기 때문이다. 정의롭지 못한 법적 명령에 복종하는 것은 결국 정의롭지 못한 짓을 하는 셈이 되니 말이다. 그러나 그들은 법이 정의롭지 못하더라도 그 법에 복종하는 것은 정의로운 일이라는 것이 소크라테스의 생각이라고 해석한다.* 즉 그들은 그가 나라와 시민의 관계를 주인과 노예, 혹은 부모와 아이의 관계에 비유하고 있는 점(50e)을 주목하고, 그 비유에 기초해서 다음과 같이 해석한다. 이 비유처럼 시민들이 노예나 아이와 같다면, 이들은 도덕적으로 독립된 행위자일 수 없으므로 명령에 복종해서 잘못을 범하더라도 책임은 이들이 아니라 나라에 있으며, 이런 시민으로서는 명령에 복종하는 것 자체가 정의로운 일이라는 것이다.

---

* T. C. Brickhouse, N. D. Smith(1994), pp. 151~153.

브릭하우스와 스미스는 『크리톤』의 전반부와 후반부가 다 철저한 준법을 역설하는 것으로 봄으로써 그 두 부분 사이의 상충점을 해소하는 주목할 만한 이해 방식을 보여 주었다. 그러나 그들은 소크라테스가 시민을 노예나 아이(자식)에 비유한 점을 문자 그대로 받아들여 잘못된 해석을 하고 있다. 그들은 그 비유에 기초해서, 소크라테스가 시민을 도덕적으로 독립된 행위 주체가 아닌 미성년자처럼 생각한 것으로 보았기 때문이다. 그러나 『크리톤』 51c~53a에서 알 수 있듯이, 소크라테스는 시민을 나라와 합의나 계약을 하는 행위 주체이자, 그 계약과 관련해 책임까지 져야 하는 주체로 보고 있다. 따라서 소크라테스가 시민을 미성년자와 같이 여겨 책임을 져야 할 주체가 못 된다고 보았고, 그리하여 정의롭지 못한 법에 복종하는 것도 시민에게는 정의로운 일이라고 생각했다는 그들의 해석은 수용하기 어렵다.

더 나아가 그들은 『변명』에서의 두 예도 시민 불복종의 예가 아니라고 보는데, 이것도 수긍하기 힘들다. 우선 그들은 철학을 금하는 법적 명령에 대한 소크라테스의 불복종이 실제 상황이 아니라 단지 가정적 상황이라는 점을 지적한다. 아울러 아테네의 재판 절차상 현실적으로는 배심원들이 소크라테스에게 철학을 금하는 조건으로 석방을 제의할 수도 그런 판결을 내릴 수도 없었다는 점도 지적한다. 그리고 이런 점들에 근거해서 그들은 철학 관련 예가 시민 불복종의 사례가 될 수 없다고 생각한다.*
그들의 반박은 납득하기 힘들다. 그들은 실제 상황에서는 법의
명령과 신의 명령이 상충되는 경우가 있을 수 없다고 보는 것인
가? 실제로 그런 경우는 있을 수 있으며, 이럴 때는 소크라테스
가 어느 쪽에 복종하겠는가? 답은 너무 분명하다. 그는 죽음을
무릅쓰고 법의 명령보다 신의 명령에 따르겠다는 강한 의지를
가진 인물이기 때문이다.

또한 그들은 30인 과두정권이 무고한 레온을 살해하기 위해
체포해 오라고 명령했을 때 소크라테스가 죽음을 무릅쓰고 그
명령에 불복종한 사례도 시민 불복종의 예로 보려고 하지 않는
다.** 적어도 시민 불복종이 성립하려면 30인 과두정권이 적법하
게 집권하고 적법하게 명령을 내렸다고 볼 수 있어야 하는데, 그
렇지 않았기 때문이라는 것이다. 그러나 과두정권의 명령이 적
법했는지 여부에 대해서는 현재로서는 분명히 가리기 힘들다.
다만 정의롭지 못한 짓을 한 적이 없다는 평판이 나 있던 레온을
사형에 처하려고 연행해 오라는 명령이 적법하게 이루어진 것이
라면, 소크라테스는 그를 체포하는 데 동행했으리라는 것인가?
그렇지는 않았을 것이다. 소크라테스는 연행 명령에 불복종한

---

* 　같은 책, pp. 144~145, 같은 이(1989), pp. 137~153.

** 같은 이(1994), p. 150, 같은 이(1989), pp. 179~193.

이유로 그것의 적법성 여부를 거론한 것이 아니라, 단지 그것이 정의롭지 못하고 불경건한 것이라는 점만을 거론하고 있음에 유의할 필요가 있다.

브릭하우스와 스미스는 소크라테스를 시민 불복종의 옹호자라기보다는 오히려 철저한 준법정신을 가진 인물로 보는 대표적인 학자들인데, 앞서 살펴보았듯이, 『크리톤』에서의 정의의 원칙이나 시민의 정의로운 행위에 대해 이해하는 데 무리인 점이 있고, 또한 『변명』의 두 예에 대한 이해에도 문제점이 보인다.

3. 악법 관련 역설의 해소 모색

역자가 보기에는 『변명』의 두 예와 『크리톤』 전반부에 나오는 정의의 원칙은 악법에 대한 소크라테스의 불복종 의지를 분명히 보여 주는 것이다. 다만 『크리톤』의 후반부는 나라의 법적 명령에 무조건 복종할 것을 요구하는 것으로 보이지만, 크라우트의 지적처럼, 그 명령이 '정의로운 한에서' 복종할 것을 요구하는 것으로 여기는 게 적절해 보인다. 그 근거로는 우선, 앞에서도 지적했듯이, 『크리톤』의 전반부와 후반부가 논의의 연속성을 갖고 있다는 점을 들 수 있다. 이 대화편에서는 전반부에서 정의의 원칙을 확립한 후, 후반부에서 탈옥의 문제와 관련해서 그 원칙들을 적용하고 있다. 이런 논의의 연속성을 고려한다면, 법률의 연설은 정의의 원칙이라는 틀 안에서 이해하는 것이 적절할 것이다.

그런데 『크리톤』 후반부에서 법률이 한 연설은 『변명』에서 소크라테스가 한 법정 연설과 연관하여 어떻게 설명될 수 있는가? 우리가 철저한 준법을 요구하는 『크리톤』의 후반부를 제대로 이해하기 위해서는, 특히 『변명』의 다음 구절에 유의할 필요가 있다. 소크라테스가 "정의롭지 못한 짓을 하는 것이나, 신이든 인간이든 더 훌륭한 자에게 불복종하는 것은 나쁘고 수치스러운 것이라는 점을 나는 알고 있다"(29b)고 말하는 구절 말이다. 이 구절에서 무지자를 자처하는 그가 흥미롭게도 '알고 있다'는 말을 쓰고 있다. 그리고 그가 알고 있는 것은 요컨대 더 훌륭한 자에게 복종해야 한다는 것이다. 여기서 '더 훌륭한 자'에는 신과 인간에 더하여 법률이나 조국도 포함될 수 있을 텐데, 이들의 명령들이 상충할 때는 어떻게 해야 할까? 분명 소크라테스는 더 상위의 훌륭한 자에게 복종해야 한다고 생각했을 것이다. 이 점은 이미 살펴본 『변명』의 철학 관련 예에서 확인할 수 있었다. 그는 재판 과정에서 철학을 금하는 법적 명령(배심원들의 명령)에 복종할 것인가, 아니면 그보다 상위의 명령으로서 철학할 것을 지시하는 신의 명령에 복종할 것인가 하는 기로에서, 그는 주저 없이 신의 명령에 복종하는 쪽을 택하고자 했다. 그에게는 신의 명령에 복종하는 것이야말로 정의로운 일로 여겨졌기 때문이다. 여기서 신의 명령이란 단순히 종교적인 의미는 아니라는 점을 언급해 두는 게 좋을 것 같다. 소크라테스는 자신의 종교적인 신념을 위해 법적 명령에 불복하고자 했다기보다, 철학함이라는 보편적으로 가치 있는 활동을 위해 그렇게 했다. 그리고 그가 지켜 내고자 한 철학적 활동의 자유는 곧 사상의 자유나 표현의 자유이기도 하다.

그런데 『크리톤』에서는 『변명』에서처럼 법률이나 조국의 명령과 상충되는 신의 명령이 상정되어 있지 않다. 그 대신 『크리톤』 후반부에서는 법률이나 조국의 명령이 무엇이든 그것에 복종해야 한다는 점만 강조되고 있는데, 이것은 무엇을 뜻하는 것일까? 법의 명령과 신의 명령이 상충되는 경우에조차도 오직 법적 명령에 복종해야 한다는 것이 소크라테스의 생각일까? 그것은 아닐 것이다. 앞에서도 살펴보았듯이, 그는 죽음을 무릅쓰면서까지 신의 명령에 복종하고자 하는 인물이기 때문이다. 이렇게 본다면, 『크리톤』 후반부를 무조건 법의 명령에 복종할 것만을 요구하는 대목으로 보는 것도, 이 부분을 『크리톤』 전반부나 『변명』의 두 예와 상충하는 것으로 보는 것도 옳지 않을 것이다.

그러면 왜 『크리톤』에서는 『변명』에서처럼 신의 명령이 상정되지 않았을까? 그것은 재판할 때의 상황과 그 이후의 상황이 다르기 때문일 것이다. 『변명』의 재판 상황에서 소크라테스는 스스로 두 가지 선택지를 상정한다. 철학을 포기하는 조건으로 무죄 방면될 것인가, 아니면 신의 명령을 따라 철학 포기 요구를 거부할 것인가? 여기서 그는 죽게 되더라도 신의 명령을 따르겠다고 단호하게 말한다. 그러니까 그는 사형선고를 받을 각오를 하고 신의 명령을 따른 것이다. 그렇다면 이제 그에게 남은 것은 자신의 선택의 결과에 따른 책임을 감당하는 것이 아닐까? 그러니 재판 이후의 상황이 묘사된 『크리톤』에서는 이미 선택한 신의 명령을 다시 거론할 필요가 없었다고 보아야 할 것이다.

더 나아가 철학하는 것이 신의 명령이라면 소크라테스는 탈옥을 하여 다른 나라에서 계속 철학을 하는 것이 옳지 않았을까 하는 생각도 든다. 그런데 그가 다른 나라에 가서라도 철학을 할 수 있다고 생각했다면 재판 과정에서 추방형을 택했을지도 모른다. 실제로 그는 재판 과정에서 사형 대신 해외 추방형을 택할 수도 있었다. — 이는 당시 아테네 사람들도 원했던 것으로 보인다. — 그러나 그는 그것을 이미 거부했다. 그 이유는 추방된 상태에서는 신의 명령대로 철학하는 일이 더 이상 가능하지 않다고 판단했기 때문이다. 『변명』(37c~38b)에 따르면, 그가 추방되어 아테네에서처럼 논의를 하고 다닌다면, 아테네 사람들처럼 다른 나라 사람들도 자신의 논의를 견디어 내지 못하고 자신을 쫓아내는 일이 벌어질 것이고, 결국 이 나라에서 저 나라로 쫓겨 다니며 사는 우스운 꼴이 될 것이라고 말한다. 그렇다고 추방되어 말없이 조용히 산다면, 그건 신에게 불복종하는 일이 될 것이라고 한다. 『크리톤』(53b~54a)에서도 탈옥을 하여 다른 나라로 간다 해도 부끄럽지 않게 철학적 논의를 할 수 있는 상황이 못

됨을 밝히고 있다.*

그러니 소크라테스는 자신에게 남은 길은 법정의 사형선고를 받아들이는 것이라고 생각한 것으로 보인다. 혹 탈옥이 신의 뜻이라고 그가 생각했다면 『크리톤』에서도 『변명』에서처럼 법의 명령과 상충되는 신의 명령을 상정했을 것이다. 그러나 법과 대립하는 그런 신의 명령을 상정할 이유가 없었다. 그리하여 그는 "신께서 이렇게 인도하시니, 그대로 하세나"라는 말로 탈옥 반대 논변을 마무리한다.

소크라테스가 탈옥을 거부하고 죽음을 택한 것은 악법도 법이라고 생각했기 때문이 아니다. 그는 악법도 법이라는 말을 한 적도 없고, 그런 사상을 갖고 있었던 것 같지도 않다. 『크리톤』 후반부에서는 의인화한 법률이 법의 명령에는 무조건 복종해야 한다는 식의 연설을 하지만, 이것은 법의 명령과 신의 명령이 상충할 때에도 오직 법의 명령에 따라야 한다는 것을 뜻하는 것은 아니다. 『변명』에서뿐 아니라 『크리톤』에서도 소크라테스는 그 두 명령이 상충할 때는 상위 명령인 신의 명령에 복종해야 한다는 사상을 변함없이 견지하고 있는 것으로 볼 수 있다. 이는 그가 악법에는 불복종할 수 있는 철학자임을 뜻하는 것이다. 하지만 소크라테스가 모든 악법, 즉 모든 정의롭지 못한 법이나 법적 명

* 『크리톤』에서 이야기된 것은 「작품 해설」 I. 4. 2)에 핵심 내용을 요약해 놓았다.

령에 무조건 불복종하라는 견해를 갖고 있다고 보아서는 안 된다. 그는 불복종이 정당화될 수 있는 경우가 있고, 그렇지 않은 경우가 있음을 분명히 구분해서 인식했던 것으로 보인다.* 이런 구분의 기준을 그는 분명히 제시하지는 않았지만, 그의 구분은 그의 합리적 사고를 보여 주는 것이다. 시민 불복종을 옹호하는 현대철학자인 존 롤즈는 그 구분을 좀더 분명히 하고 있다.**

* 판결에 불복종한다는 것은 법을 어기는 셈이 될 텐데, 소크라테스는 정의롭지 못한 두 판결에 대해 다른 처신을 한다. 이를테면 소크라테스는 사형 판결에는 복종했지만, 배심원(재판관)들이 자신을 석방해 주되 계속 철학을 하다가 붙잡히면 사형에 처할 것이라는 판결이 내려졌다면 그것에는 단호히 불복종했을 것이다.

** 존 롤즈, 『정의론』(황경식 옮김), 이학사, 2003, 473~480쪽.

참고문헌

1. 원전 및 주석

Adam, J. (ed.), *Plato Crito*, Cambridge University Press, 1949(초판 1888).

Burnet, J. (ed.), *Plato's Euthyphro, Apology of Socrates and Crito* (Oxford Classical Texts), Clarendon Press, 1977(초판 1924).

Burnet, J. (ed.), *Platonis Opera*, Tomus I, Clarendon Press, 1985(초판 1900).

Duke, E. A., Hicken, W. F., Nicoll, W. S. M., Robinson, D. B., Strachan, J. C. G. (ed.), *Platonis Opera*, tomus I (Oxford Classical Texts), Clarendon Press, 1995. [이 번역서의 기준 판본임]

Dyer, L., *Plato : Apology of Socrates and Crito*, Ginn & Company, 1924.

2. 번역 및 주석

플라톤, 강철웅 역, 『소크라테스의 변명』, 아카넷, 2020.

_____, 박종현 역주, 『플라톤 네 대화편 : 에우티프론, 소크라테스의 변론, 크리톤, 파이돈』, 서광사, 2003.

_____, 조우현 역, 『소크라테스의 변명, 크리톤』, 거암, 1985.

Allen, R. E., *Socrates and Legal Obligation*, with translations of the *Apology* and *Crito*, University of Minnesota Press, 1980.

_____ (tr.), *Euthyphro, Apology, Crito, Meno, Gorgias, Menexenus : The Dialogues of Plato*, Volume 1, Yale University Press, 1984.

Brickhouse, T. C., Smith, N. D., *The Trial and Execution of Socrates : Sources and Controversies*, Oxford University Press, 2002.

Brisson, L. (tr.), *Platon, Apologie de Socrate, Criton* (GF Flammarion), Flammarion, 2005.

Crurch, F. J. (tr.), Cumming, R. D. (rev.), Plato, *Euthyphro, Apology, Crito, Phaedo —The Death Scene*, Prentice Hall, 1948.

Doherty, F. C., *Plato : The Martyrdom of Socrates* (*Aplogy* & *Crito*, with selections from *Phaedo*, partly in the original and partly in translaton), With introd. notes & vocab., Bristol Classical Press, 2001(초판 1923).

Emlyn-Jones, C. (ed.), *Plato : Crito*, with introd., comment., and vocab., Bristol Classical Press, 1999.

Fowler, H. N., *Plato : Euthyphro, Apology, Crito, Phaedo, Phaedrus* (The Loeb Classical Library), Harvard University Press, 1960(초판 1914).

Gallop, D. (tr.), *Plato, Defence of Socrates, Euthyphro, Crito*, Oxford University Press, 1997.

Grube, G. M. A. (tr.), *Crito*, in J. M. Cooper (ed.), *Plato, Complete Work*, Hackett, 1997.

Grube, G. M. A. (tr.), Cooper, J. M. (rev.), *Plato, The Trial and Death of Socrates* (Third Edition)*: Euthyphro, Apology, Crito, Death Scene from Phaedo*, Hackett, 2000.

Hofmann, H. (ed.), *Kriton*, in *Platon Werke*, Bd. II., Wissenschaftliche Buchgesellschaft, 1973.

Leroux, G. (tr.), *Le Criton de Platon*, CEC, 1996.

Navia, L. E., *Socratic Testimonies*, University Press of America, Inc, 2002.

Reeve, C. D. C. (ed.), *The Trials of Socrates : Six Classic Texts, Plato Aristophanes Xenophon*, Hackett Publishing Company, 2002.

Rouse, W. H. D., *Great Dialogues of Plato : Complete Texts of The Republic, The Aplogy, Crito, Phaedo, Ion, Meno, Symposium* (Signet Classics), New American Library, 2008(초판 1956).

Schleiermacher, F., *Platon, Werke Bd. 2*, Darmstadt, 1973.

Tredennick, H., Tarrant, H. (tr.), *The Last Days of Socrates : Euthyphro, Apology, Crito, Phaedo Plato*, Penguin Books, 1993(초판 1954).

West, T. G., West, G. S., *Plato and Aristophanes, Four texts on Socrates : Plato's Euthyphro, Apology, and Crito, and Aristophanes' Clouds*, Cornell University Press, 1984.

Woozley, A. D., *Law and Obedience : The Arguments of Plato's Crito*, Duckworth, 1979.

3. 논문과 저서

※ 이 이하의 참고 문헌 속에는 Brisson의 Platon, *Apologie de Socrate*, Crito(GF Flammarion)에 수록된 『크리톤』의 참고문헌에서 1958~1979년 사이의 저서와 논문은 제외하고, 1980~2003년 사이의 저서와 논문을 포함시켰다. 다만 거기서는 연도별로 정리되어 있으나, 여기서는 저자명 순서로 재배열했고 거기에 수록되지 않은 자료들을 더 추가했다.

강철웅, 「플라톤의 『크리톤』에서 민주주의와 권위」, 《철학연구》 제128집, 2020, 1~34쪽.

_____, 「플라톤의 『크리톤』에서 설득과 공감」, 《서양고전학연구》 57-2, 2018, 39~66쪽.

_____, 「플라톤 『크리톤』의 번역과 이해의 문제 ― 기존 국역에 대한 비평과 대안을 중심으로」, 《철학연구》 제98집, 2012, 35~72쪽.

권창은 · 강정인, 『소크라테스는 악법도 법이라고 말하지 않았다』, 고려대학교출판부, 2005.

김상돈, 「소크라테스적 시민성과 도덕과 교육 : '악법'과 '준법'」, 《도덕윤리과교육》 제32호, 2011, 55~83쪽.

김유석, 「크리톤은 왜 소크라테스의 탈옥을 단념했는가? : 수사학적 관점에서 바라본 플라톤의 『크리톤』」, 《수사학》 제12집, 2010, 67~98쪽.

김주일, 『소크라테스는 '악법도 법이다'라고 말하지 않았다. 그럼 누가?』, 프로네시스, 2006.

김태경, 「플라톤의 『크리톤』의 '의인화된 법률 연설' 분석」, 《인문과학》 제46집, 성균관대학교 인문과학연구소, 2010, 179~201쪽.

김헌, 「설득과 판단의 근거 ― 플라톤의 『크리톤』을 중심으로」, 《수사학》 26집, 2016, 5~34쪽.

박성우, 「플라톤의 『변론』과 『크리톤』에 나타난 소크라테스적 시민성의 재해석」, 《아세아연구》 제53권 2호, 2010, 133~165쪽.

박홍태, 「플라톤의 크리톤편 분석」, 《동대논총》 제24집 제1호, 1994, 537~554쪽.

오흥식, 「소크라테스로 하여금 탈옥을 거부하게 한 자들 — 아테네 민주주의 국법과 다이모니온」, 《서양고전학연구》 제24집, 2005, 151~173쪽.

윤지숙, 「소크라테스의 대중론 고찰 — 『변론』과 『크리톤』을 중심으로」, 이화여자대학교 대학원, 2004.

이기백, 「소크라테스의 삶에서 악법과 불복종의 문제」, 《철학연구》 제127집, 2019, 63~95쪽.

_____, 「악법도 법인가」, 『철학의 전환점』(최재식 외 지음), 프로네시스, 2012, 71~94쪽.

이영환, 「정의과 권위 — 『크리톤』이 주는 메시지」, 《철학사상》 69권, 2018, 37~67쪽.

이정호, 「『크리톤』: 소크라테스는 악법도 법이라고 말한 적이 없다」, 《시대와 철학》 6권 2호, 한국철학사상연구회, 1995, 284~308쪽.

최봉철, 「악법과 법준수의무에 대한 소크라테스의 입장」, 《법철학연구》 제16권 제3호, 한국법철학회, 2013, 7~38쪽.

최봉철, 「플라톤의 『크리톤』에 대한 분석」, 《성균관법학》 제17권 제1호, 성균관대학교 법학연구소, 2005, 531~562쪽.

I. F. 스톤, 편상범 · 손병석 옮김, 『소크라테스의 비밀』, 간디서원, 1996. [원저 : Stone I. F., *The Trial of Socrates*, Anchor Books, 1989.]

제임스 A. 콜라이아코 지음, 김승욱 옮김, 『소크라테스의 재판』, 작가정신, 2005. [원저 : Colaiaco, J. A., *Socrates Against Athens : Philosophy on Trial*, Routledge, 2001.]

Benitez, E. E., "Deliberation and Moral Expertise in Plato's *Crito*", *Apeiron* 29, 1996, pp. 21~47.

Bentley, R., "Responding to Crito : Socrates and political obligation", *History of Political Thought* 17, 1996, pp. 1~20.

Berges, S., "2. Obedience and Persuading the Laws in the *Crito*", *Plato* on *Virtue and the Law* (Continuum Studies in Ancient Philosophy), MPG Books Group in the UK, 2009, pp. 30~51.

Blyth, D., "What in Plato's Crito is benefited by Justice and Harmed by Injustice?", *Apeiron* 29, 1996, pp. 1~19, Appendix : Natural law and Plato.

Bostock, D., "The interpretation of Plato's *Crito*", *Phronesis* 35, 1990, pp. 1~20.

Brickhouse, T. C., Smith, N. D., *Plato and the Trial of Socrates*, Routledge, 2004.

_____, *Plato's Socrates*, Oxford University Press, 1994.

_____, "Socrates and Obedience to the Law", *Apeiron* 18.1, 1984, pp. 10~18.

_____, *Socrates on Trial*, Clarendon Press, 1989.

_____, "The Socratic Doctrine of 'Persuade or Obey'", *The Philosophy of Socrates*, ed. by K. J. Boudouris, Athens, 1991.

Brown, H., "The structure of Plato's *Crito*", *Apeiron* 25, 1992.

Caleo, M., "Nómos e nómoi", *Rendiconti Della Accademia di Archeologia, Lettere e Belle Arti di Napoli* 61, 1987~1988, pp. 191~231.

Calvert, S., "Plato's Crito and Richard Kraut", *Justice, Law and Method in Plato and Aristotle*, ed. by Spiro Panagiotou, Academic Print and Pub., 1987, pp. 17~33.

Colson, D. D., "*Crito* 51A~C : To what does Socrates owe obedience?", *Phronesis* 35, 1989, pp. 35~55.

_____, "On appealing to athenian law to justify Socrates' disobedience", *Apeiron* 19.2, 1985, pp. 133~141.

Cragg, W., "The Crito and the nature of legal obligation", IVR [Internationale Vereinigung für Rechts— und Sozialphilosophie]

World Congress XIII, Proceedings by Stavros Panou, G. Bozonis, D. Georgas and P. Trappe, *Archives for Philosophy of Law and social Philosophy*, Supplementum V, Stuttgart, Steiner, 1988, pp. 21~26.

Flashar, H., "Überlegungen zum platonischen *Kriton*", *Beiträge zur antiken Philosophie : Festschrift für Wolfgang Kullmann*, hrsg. von H.-C. Günther und A. Rengakos, mit einer Einl. von Ernst Vogt, Stuttgart, Steiner, 1997, pp. 51~58.

Gallop, D., "Socrates, Injustice, and the Law. A response to Plato's *Crito*", *Ancient Philosophy* 18, 1998, pp. 251~265.

García Máynez, E., *Teórias sobre la justicia en los diálogos de Platón* (Eutifrón, Apologia, Critón, Trasímaco, Protágoras y Gorgias), UNAM, 1981.

Geels, D. E., "A Note on the Apology and the *Crito*", *The New Scholasticism* 61, 1987, pp. 79~81.

Gercel, T. L., "Rhetoric and reason : structures of argument in Plato's *Crito*", *Ancient Philosophy* 20, 2000, pp. 289~310.

Goggans P., "Political organicism in the *Crito*", *Ancient Philosophy* 19, 1999, pp. 217~233.

Gómez-Lobo, A., "Los axiomas de la ética Socrática", *Méthexis* 3, 1990, pp. 1~13.

Harte, V., "Conflicting values in Plato's Crito", *Archiv für Geschichte der Philosophie* 81(2), 1999, pp. 117~147.

Howland, J., *The Paradox of Political Philosophy. Socrates' Philosophical Trial*, Rowman & Littlefield Pub., 1998.

Irwin, T. H., "Common sense and Socratic method", *Method in Ancient Philosophy*, ed. by J. Gentzler, Oxford University Press, 1997, pp. 29~66.

Johnson, C. N., *Socrates and the Immoralists*, Lexington Books, 2005.

Kahn, C. H., "Problems in the argument of Plato's *Crito*", *Apeiron* 22.4, 1989 [Mélanges Joan Kung], pp. 29~43.

Kamtekar, R.(ed.), *Plato's Euthphro, Apology, and Crito : Critical Essays*, Rowman & Littlefield Publishers, 2005.

Kato, S., "The Crito‑Socrates scenes in the *Euthydemus*. A point of view for a reading of the dialogue", *Plato. Euthydemus, Lysis, Charmides. Proceedings of the V'th Symposium Platonicum*, ed. by T. M. Robinson and L. Brisson, *International Plato Studies* 13, Sankt Augustin, Academia Verlag, 2000, pp. 123~132.

Kostman, J., "Socrates' self−betrayal and the contradiction between the *Apology* and the Crito", *New Essays on Socrates*, ed. by Eugene Kelly, University Press of America, 1984, pp. 107~130.

Kraut, R, "*Socrates dissatisfied : an Analysis of Plato's* Crito, by Roslyn Weiss, New York, Oxford University Press, 1998."(Review), *Mind*, New Series, Vol. 110, No. 437(Jan., 2001), pp. 293~296.

_____, *Socrates and the State*, Princeton University Press, 1984.

Lane, M. S., "Argument and agreement in Plato's Crito", *History of Political Thought* 19, 1998, pp. 313~330.

MacNeal, R. A., *Law and Rhetoric in the Crito*, European Univ. Stud. Ser. 15, n° 56, P. Lang, 1992.

Manasse, E. M., "A thematic interpretation of Plato's *Apology* and *Crito*", *Phibsophy and Phenomenology* 40, 1980, pp. 393~400.

McPherran, M. L., *The Religion of Socrates*, Pennsylvania State University Press, 1996.

Miller, M. H.,"The arguments I seem to hear : Argument and irony in the *Crito*", *Phronesis* 41, 1996, pp. 121~137.

Montuori, M., *Per una nuova interpretazione del Critone di Platon*, pref. di Giovanni Reale. 2a ed. riv. e rinnovata, Vita e Pensiero,

1998. (Pubblicazioni del Centro di Ricerche di Metafisica. Temi metafisici e problemi del pensiero antico, 66).

Morris, T. F., "How Crito ruins his soul", *Ancient World* 30(1), 1999, pp. 47~58.

Motte, A., "La catégorie platonicienne du démonique", *Anges et Démons* [Actes du Colloque de Liège et de Louvain-la-Neuve], éd. par Julien Ries, avec la collaboration de Henri Limet, *Homo religiosus* n° 14, Centre d'Histoire des religions, 1989, pp. 205~221.

Nails, D., *The People of Plato. A Prosopography of Plato and Other Socratics*, Hackett Publishing Company, 2002.

_____, "The Trial and Death of Socrates", *A companion to Socrates*, ed. by Sara Ahbel-Rappe and Rachana Kamtekar, Wiley-Blackwell, 2009, pp. 5~20.

Opsomer, J., "Aporía, euporia et les mots étymologiquement apparentés : *Hippias mineur, Alcibiade I, Apologie, Euthyphron, Criton, Hippias majeur, Lysis, Channide, Lachès, Protagoras, Gorgias, Ménon, Ion, Ménéxène, Euthydème, Cratyle*", *Aporia dans la philosophie grecque, des origines d Aristote*, Travaux du Centre d'études aristotéliciennes de l'université de Liège, coll. Aristote. Traductions et études, éd. A. Motte et Chr. Rutten, avec la coll. de L. Bauloye et A. Lefka, Peeters, 2001, pp. 37~60.

Orwin, C., "Liberalizing the Crito. Richard Kraut on Socrates and the State", *Platonic Writings*, ed. by Charles L. Griswold Jr., Routledge, Chapman and Hall, 1988, pp. 171~176. Cf. Kraut, 1984 et réponse par Kraut, ibid., pp. 177~182.

Panagiotou, S., "Justified disobedience in the Crito?", *Justice, Law and Method in Plato and Aristotle*, ed. by Spiro Panagiotou, Academic Print and Pub., 1987, pp. 35~50.

_____, "Socrates and Civil Disobedience", *Socratic Questions : new essays on the philosophy of Socrates and its significance*, ed. by B. S. Gower and M. C. Stokes, Routledge, 1992.

Payne, T. F., "The Crito as a mythogical mime", *Interpretation* 11, 1983, pp. 1~23.

Penner, T., "Two notes on the *Crito*. The importance of the many and Persuade or Obey", *Classical Quarterly* 47(1) 1997, pp. 153~166.

Polansky, R., "The unity of Plato's *Crito*", *Scholia* N.S. 6, 1997, pp. 49~67.

Prior, W. J., *Socrates, Critical Assessments Vol. II : Issues Arising from the Trial of Socrates*, Routledge, 1996.

Ray, A. C., "The tacit agreement in the *Crito*", *International Studies in Philosophy* 12, 1980, pp. 47~54.

Rosano, M., "Vertu privée, moralite publique et la question de l' obligation politique dans le *Criton* de Platon", *Archives de philosophie du droit* 41, 1997, pp. 13~24. [Résumé en allemand p. 571; résumé en anglais p. 579.]

Roskam, G., "§ 1. Platon, *Hippias mineur, Alcibiade, Apologie, Euthyphron, Criton, Hippias majeur, Lysis, Charmide, Lachès*", *Philosophie de la Forme. Eidos, Idea, Morphé dans la philosophie grecque des origines á Aristote. Actes du colloque interuniversitaire de Liège : Travaux du Centre d'études aristotéliciennes de l'université de Liège*, édités par A. Motte, Chr. Rutten et P. Somville, avec la coll. de L. Bauloye, A. Lefka et A. Stevens, Peeters, 2003, pp. 67~76.

Smith, N. D. and Woodruf, P. B. (ed.), *Reason and Religion in Socratic Philosophy*, Oxford University Press, 2000.

Solana Dueso, J., "Sócrates y la democracia ateniense : otra lectura del

Critone", *Méthexis* 11, 1998, pp. 7~18.

_____, "Trasímaco : el conflicto entre las normas y I los hechos", *Convivium* 11, 1998, pp. 1~12.

Stokes, M. C. , *Dialectic in action : An Examination of Plato's Crito*, Classical Press of Wales, 2005

Teloh, H., *Socratic Education in Plato's early Dialogues*, University of Notre Dame Press, 1986.

Unruh, P., *Sokrates und die Pflicht zum Rechtsgehorsam : eine Analyse von Platons Kriton*, Nomos, 2000. (Studien zur Rechtsphilosophie und Rechtstheorie, 26).

Ward, A., "The *Apology* and the *Crito*. A misplaced inconsistency", *The New Scholasticism* 63, 1989, pp. 514~515. Cf. Geels, 1987.

Weiss, R., *Socrates dissatisfied : an Analysis of Plato's Crito*, Oxford University Press, 1998.

West, E., "Socrates in the *Crito*. Patriot or friend?", *Essays in ancient greek Philosophy* III, *Plato*, ed. by John Anton and Anthony Preus, SUNY, 1989, pp. 71~83.

White, J. B., "Plato's Crito : the authority of law and philosophy", *The Greek and us : Essays in Honor of Arthur W. H. Adkins*, ed. R. B. Louden and P. Schollmeier, University of Chicago Press, 1996, pp. 97~133.

Yonezawa, S., "Socrates in the Apology and in the *Crito*", *Philosophical Inquiry* 12, 1995, pp. 1~20.

_____, "Socrates' two concepts of the Polis[*Apology, Crito*]", *History of Political Thought* 12, 1991, pp. 565~576.

Young, C. M., "First principles of Socratic ethics", *Apeiron* 30, 1997, pp. 13~23.

찾아보기

일러두기

- 본문의 내용을 파악하는 데 도움을 주는 용어에 국한했으며 일상적인 용어라도 철학적인 의미로 사용되는 경우에는 찾아보기에 넣었다.
- 그리스어 표기는 단수를 원칙으로 했으나 복수 사용이 관례인 경우에는 그에 따랐다.
- 약호는 다음을 사용한다.
  1) * : * 표시가 있는 부분은 그 대목에 해당 주석이 있음을 가리킨다.
  2) ☞ : 해당 항목에 가서 확인할 수 있다.
  3) → : 표제어에서 파생되거나 연관되는 낱말을 표제어 밑에 둘 때 사용한다.
  4) ― : 표제어와 같은 낱말을 다른 말로 번역했을 때 사용한다.

일반용어

한국어 – 그리스어

가르치다 didaskein 49e
가장 좋은 beltistos 46b
가장 큰 이로움 agatha ta megista 44d
가장 큰 해 ta megista kaka 44d
가치 있는 axios 46b

감옥 desmōtērion 43a
강요 anankē 52e
같은 homoios 46b
건강을 돕는 것 to hygieinon 47d
격노하다 chalepainein 51b
경건한 hosios 51c, 54b
계약 synthēkē 52d, 54c
고수하다 emmenein 49e
고아 orphanos 45d
고통 lypē 43b

곤혹스러운 chalepos 46b

공동의 논의 기반 koinē boulē 49d*

공유하다 koinōnein 49d

관리자 epistatēs 47b

관장하는 자 ho kyrios 44a*

괴롭히다 lypein 45c

교도관 phylax 43a

교육 paideia 50d

교육시키다 (ek)paideuein 45d, 50e, 51c, 54a

구하다 sōizein 44b, c, 45a, c, 46a

국가 공동체 to koinon tēs poleōs 50a

굴복해야 한다 hypeikteon 51b

권한 exousia 51d

귀한 timios 48a

그것들로부터 enteuthen 49d

기꺼워하는 가운데 hekōn 52c

기꺼워하지 않는 가운데 akōn 52c

기꺼워하지 않는데도 akōn 48e

기소를 일삼는 사람 sykophantēs 44e*, 45a

꿈 enypnion 44a*, b

나가다 exelthein 44e

　— exienai 48b

나누어 주다 metadidonai 51c

나라 polis 49e, 50b, c, 51b, c, d, e, 52b, c, e, 53a, b, c

나쁜 것 to kakon 47c

나쁜 판단 ponēra doxa 47a

내던져 버리다 ekballein 46b

내일 aurion 43d, 46e

노예 doulos 50e

노예살이하다 douleuein 53e

다수 hoi polloi 44c, d, 46c, 47c, d, 48a

다수의 사람 hoi polloi 44c*, d, 47b, 48a, c, 49b, c

다시 살려 내다 anabiōskesthai 48c

달래다 thōpeuein 51b

달아나다 apodidraskein 50a, 52d, 53d

대접을 잘 받다 euōcheisthai 53e

더 좋은 것 beltion 46c

덕 aretē 45d, 51a, 53c, 54a

도깨비들로 겁주다 mormolyttesthai 46c*

돈 argyrion 45a, b

　— chrēma 44c, e, 45b, 48c

동의하다 synchōrein 46c

되갚아 행하다 antipoiein 50e

두려워하다 phobeisthai 45a, b, 47b, d

따르다 akolouthein 47d

　— hepesthai 47d

따르다(복종하다) peithesthai 44b,

행운 tychē agathē 43d
행위에 의해서 ergōi 51e, 52d
허튼소리 phlyaria 46d
헛되이 allōs 46d
형편없기 때문에 kakiāi 45e
형편없는 mochthēros 47e
호의를 보이다 euergetesthai 43a*
혼례 gamos 50d
화내다 aganaktein 43b, c, 52c
회부 eisodos 45e
효력 있는 kyrios 50b
효력이 없는 akyros 50b
후퇴해야 한다 anachōrēteon 51b
훌륭하게 사는 것 to eu zēn 48b
훌륭한 agathos 45d
훌륭한 것 to kalon 51c
훌륭한 법을 갖추다 eunomeisthai
    52e*, 53b, c
훌륭한 사람 epieikēs 44c
힘 dynamis 46c

그리스어 – 한국어

adikein 정의롭지 못한 짓을 하다
adikeisthai 정의롭지 못한 짓을 당하다
adikēteon 정의롭지 못한 짓을 해야
    한다
adikia 부정의
adikos 정의롭지 못한
aganaktein 화내다
agapein 반기다
agatha ta megista 가장 큰 이로움
agathon 좋은 것, 이로움
agathos 훌륭한
agios 성스러운
aischron 추한
aischros 부끄러운
aischrōs 부끄럽게
aischynesthai 부끄러워하다
akolasia 방종
akolouthein 따르다
akōn 기꺼워하지 않는데도, 기꺼워
    하지 않는 가운데
akyros 효력이 없는
alētheia 진리
allōs 헛되이
amelein 신경을 쓰지 않다
amynesthai 자신을 지키다
anabiōskesthai 다시 살려 내다
anachōrēteon 후퇴해야 한다

anaidiāi 용기가 없어서

anaischyntein 부끄러운 줄도 모르다

anankē 강요, 불가피 하게

anatrepein 전복하다

andreios 용기 있는

angelia 소식

antadikein 보복으로 정의롭지 못한
　　짓을 하다

antidran kakōs 보복으로 해롭게 하다

antikakourgein 보복으로 해를 입히다

antilegein 반박하다

antipoiein 되갚아 행하다

apeitheisthai 복종하지 않다

aphienai 석방하다

aphrōn 무분별한, 어리석은

apienai 떠나다

apodēmia 외국 여행

apodidraskein 달아나다

apokteinynai 죽이다

apollynai 파멸하다

apothnēiskein 죽다

archē 출발점

areskein 만족스럽다

aretē 덕

argyrion 돈

aschēmōn 볼썽사나운

aspazesthai 반기다

ataxia 무질서

(ho) Athēnaios 아테네인

atimazein 존중하지 않다

atopos 묘한

aurion 내일

axios 가치 있는

barbaros 이민족의

barys 참담한

beltion 더 좋은 것

beltistos 가장 좋은

biazesthai 폭력을 쓰다

bios 생, 삶

biōtos 살 만한 가치가 있는

boulē 숙고의 결론

bouleuesthai 숙고하다

bouleuma 숙고 결과

chalepainein 격노하다

chalepos 곤혹스러운, 슬픈

chrēma 돈

chrēmatōn aphairesis 재산 몰수

chrēstē doxa 좋은 판단

deipnon 성찬

desmos 투옥

desmōtērion 감옥

despotēs 주인

diaballesthai 비방거리가 되다

diagein 시간을 보내다

diaphtheirein 파괴하다, 파기하다,
　　없애다

diaphthoreus 타락시키는 자, 파괴자

didaskein 가르치다

dikaios 정의로운

(to) dikaiōs zēn 정의롭게 사는 것

dikaiosynē 정의

dikastērion 법정

dikē 판결, 소송사건, 재판

diollynai 망치다

dokimazesthai 시민으로 인정받다

douleuein 노예살이하다

doulos 노예

doxa 판단, 평판

dynamis 힘

echthros 적

eidenai 알다

eiselthein 재판에 회부되었다

eisodos 회부

ekballein 내던져 버리다

ekgonos 자손

ekkleptein 몰래 빼내다

ekpaideuein 교육시키다

ekthrepein 양육하다

emmenein 고수하다, 준수하다

en meizoni moirāi 존귀한

enteuthen 그것들로부터

entrepesthai 존중하다

enypnion 꿈

epainos 칭찬

epaiōn 전문 지식을 가진

ephistanai 앞에 서다

epieikēs 훌륭한 사람

epimeleisthai 마음을 쓰다

epistatēs 관리자

epitēdeios 친구

epitēdes 일부러

epithymein 욕심부리다

epithymia 욕구

ergōi 행위에 의해서

eribōlos 비옥한

(to) erōtan te kai apokrinesthai 묻
  고 답하는 것

eu zēn 잘 사는 것

eudaimonizein 행복한 사람이라고
  생각하다

euergetesthai 호의를 보이다

eunomeisthai 훌륭한 법을 갖추다

euōcheisthai 대접을 잘 받다

exagein 빼내다

examartanein 잘못하다

exapatēteon 어겨야 한다

exelthein 추방되다, 나가다

exerchesthai 떠나다

exienai 나가다

exousia 권한

gamos 혼례

glischrōs 탐욕스럽게

gymnastikē 체육

haireisthai 택하다

hekōn 자발적으로, 기꺼워하는 가운데

homoios 같은

homologein 합의하다

homologia 합의

homologoumena 합의한 것들

horan 알고 있다

hosa ge tanthrōpeia 인간사에서 있
　　을 수 있는 한

hosios 경건한

hygieinon 건강을 돕는 것

hyios 아들

hypeikein 순종하다

hypeikteon 굴복해야 한다

hyperchesthai 비위를 맞추다

iatros 의사

kakiāi 형편없기 때문에

(to) kakon 나쁜 것

kakon ergazesthai 해를 주다

kakon paschein 해를 입다

kakōs akouein 싫은 소리를 듣다

kakōs paschein 해를 입다

kakōs poiein 해롭게 하다

kakourgein 해를 입히다

(to) kalon 훌륭한 것

kalos 아름다운

(to) kalōs zēn 아름답게 사는 것

kataphronein 무시하다

keleuein 명령하다

kindynos 위험

koinē boulē 공동의 논의 기반

koinon tēs poleōs 국가 공동체

koinōnein 공유하다

kosmios 반듯한

kyrios 관장하는, 효력 있는

lōbasthai 손상시키다

logizesthai 추론하다

logos 원칙

lypē 고통

lypein 괴롭히다

melein 신경을 쓰다

menein 유효하다

metadidonai 나누어 주다

mētēr 어머니

mochthēros 형편없는

mormolyttesthai 도깨비들로 겁주다

mousikē 시가

nomos 법률

(to) nosōdes 질병을 낳는 것

oligoi 소수의 사람

oninanai 이로움을 주다

ophelos 쓸모

orphanos 고아

orthotēs 옳음

ousia 재산

paideia 교육

paidia 장난

paidotribēs 체육 선생

para doxan 판단에 어긋나게

parabainein 어기다

patēr 아버지

고유명사

델로스 Dēlos 43c*
라케다이몬 Lakedaimōn 52e*
메가라 Megara 53b
수니온 Sounion 43d*
심미아스 Simmias 45b*
이스트모스 Isthmos 52b*

케베스 Kebēs 45b*
크레타 Krētē 52e*
테베 Thēbai 53b*
테베 출신의 Thēbaios 45b
테살리아 Thessalia 45c*, 53d, e,
     54a
프티아 Phthia 44b*
하데스 Hāidēs 54a*, b, c

옮긴이의 말

『크리톤』을 번역하는 데 많은 분의 도움이 있었다. 우선 역자의 은사이신 박종현 선생님이 번역한『플라톤의 네 대화편』(2003) 속의『크리톤』은 역자의 번역에 밑거름이 되었다. 번역 과정에서 역자는 선생님의 번역본을 의도적으로 멀리하려 했다. 그렇지 않아도 선생님 밑에서 석·박사 과정을 밟으며 선생님이 즐겨 쓰는 용어나 문체에 익숙한 터라 선생님의 번역본을 참고하여 번역하면 번역의 차별성을 확보하는 데 어려움이 있을 것이라고 생각했기 때문이다. 그러나 이전에 이미 선생님의 번역본을 여러 차례 읽기도 했기에 부지불식간에 유사 용어와 문체를 구사한 사례들이 발견될 것이다.

정암학당의 초기 번역 계획에서 이 대화편은 정암학당의 이사장이신 이정호 선생님께서 번역하시기로 되어 있었다. 그러나

학당의 연구원 수가 늘어나고 그에 따라 번역자들의 수가 늘어나면서 학당의 번역 계획이 일부 변경되었다. 이 과정에서 이정호 선생님의 배려로 역자가 『크리톤』의 번역을 맡게 되었다. 이 대화편에 큰 관심을 갖고 계셨던 이정호 선생님으로서는 쉽지 않은 결정이셨을 것이다. 선생님께서는 후학들에게 정암학당이라는 공동 탐구의 장을 마련해 주시고 늘 헌신적으로 연구원들을 돌봐 주셨다. 이정호 선생님께 경의를 표하지 않을 수 없다.

오랜 기간 어려운 공부를 같이 하며 우정을 쌓아온 정암학당의 연구원들은 학당 번역 원칙에 따라 역자의 『크리톤』 번역 초고를 함께 검토해 주었다. 이것은 고전 번역에 품앗이 형태를 도입한 것으로 학당의 아름다운 전통이 되었다. 고대 그리스어 문헌 번역에서는 아무리 주의를 기울여도 빈틈이 생기기 마련이어서 공동 탐구가 얼마나 값진 일인지 늘 실감하곤 한다. 또한 번역 초고를 만드는 단계에서 같이 텍스트를 읽고 마지막 운문 단계에서도 도움을 준 이창연 선생과 김혜원 선생에게 고마움을 표한다.

끝으로 정암고전총서의 발간 사업에 전기를 마련해 주신 아카넷 김정호 대표님, 그리고 번역 원고 전체를 꼼꼼히 살펴 주신 편집부의 박수용 선생님께 깊이 감사드린다.

2020년 7월
이기백

사단법인 정암학당을 후원해 주시는 분들

정암학당의 연구와 역주서 발간 사업은 연구자들의 노력과 시민들의 귀한 뜻이 모여 이루어집니다. 학당의 모든 연구는 시민들의 자발적인 후원을 바탕으로 하기 때문입니다. 그 결실을 담은 '정암고전총서'는 연구자와 시민의 연대가 만들어 내는 고전 번역 운동의 산물이라고 할 수 있습니다. 이 같은 학술 운동의 역사적 의미를 기리고자 이 사업에 참여한 후원회원 한 분 한 분의 정성을 이 책에 기록합니다.

평생후원회원

Alexandros Kwanghae Park　강대진　강상진　강선자　강성훈　강순전　강승민
강창보　강철웅　고재희　공기석　권세혁　권연경　권장용　기종석　길명근
김경랑　김경현　김귀녀　김기영　김남두　김대겸　김대오　김미성　김미옥
김상기　김상수　김상욱　김상현　김석언　김석준　김선희(58)　김성환　김숙자
김영균　김영순　김영일　김영찬　김옥경　김운찬　김유순　김율　김은자
김은희　김인곤　김재홍　김정락　김정란　김정례　김정명　김정신　김주일
김지윤(양희)　　　김진성　김진식　김창완　김출곤　김태환　김헌　김현래
김현주　김혜경　김혜자　김효미　김휘웅　도종관　류한형　문성민　문수영
문우일　문종철　박계형　박금순　박금옥　박명준　박병복　박복득　박상태
박선미　박선희　박세호　박승찬　박윤재　박 정수　박정하　박종민　박종철
박진우　박창국　박태일　박현우　반채환　배인숙　백도형　백영경　변우희
서광복　서동주　서명　성염　서지민　설현석　성중모　손병석　손성석
손윤락　손효주　송경순　송대현　송성근　송순아　송유레　송정화　신성우
심재경　안성희　안욱　안재원　안정옥　양문흠　양호영　엄윤경　여재훈
염수균　오서영　오지은　오흥식　유익재　유재민　유태권　유혁　유형수
윤나다　윤신중　윤정혜　윤지숙　은규호　이광영　이기백　이기석　이기연
이기용　이도헌　이두희　이명호　이무희　이미란　이민숙　이민정　이상구
이상원　이상익　이상인　이상희(69)　이상희(82)　이석호　이순이　이순정　이승재
이시연　이영원　이영호(48)　이영환　이옥심　이용구　이용술　이용재　이용철
이원제　이원혁　이유인　이은미　이임순　이재경　이정선(71)　이정선(75)　이정숙
이정식　이정호　이종환(71)　이종환(75)　이주형　이지민　이지수　이진　이창우
이창연　이창원　이충원　이춘매　이태수　이태호　이필렬　이한주　이향섭
이향자　이황희　이현숙　이현임　임대윤　임보경　임성진　임연정　임창오
임환균　장경란　장동익　장미성　장영식　전국경　전병환　전헌상　전호근
정선빈　정세환　정순희　정연교　정은정　정일　정정진　정제문　정준영(63)
정준영(64)　정해남　정흥교　정희영　조광제　조대호　조병훈　조성대　조익순
조준호　지도영　차경숙　차기태　차미영　채수환　최미　최미연　최세용
최수영　최병철　최영임　최영환　최운규　최원배　최윤정(77)　최은영　최인규
최지호　최화　표경태　풍광섭　하선규　하성권　한경자　한명희　허남진
허선순　허성도　허영현　허용우　허정환　허지현　홍섬의　홍순정　홍훈
황규빈　황예림　황유리　황희철

가지런e류 교정치과 　　나와우리 〈책방이음〉 　　도미니코수도회 　　도바세
방송대문교소담터스터디 　　방송대영문과07학번미아팀 　　법률사무소 큰숲
부북스출판사(신현부) 　　생각과느낌 정신건강의학과 　　이제이북스
카페 벨라온
(개인 271, 단체 11, 총 282)

후원위원

강성식　강용란　강진숙　강태형　고명선　곽삼근　곽성순　구미희　권소연
권영우　길양란　김경원　김나윤　김대권　김명희　김미란　김미선　김미향
김백현　김병연　김복희　김상봉　김성민　김성윤　김순희(1)　김승우　김양희
김애란　김연우　김영란　김용배　김윤선　김장생　김지수(62)　김진숙(72)　김현자
김현제　김형준　김형희　김희대　맹국재　문영희　박미라　박수영　박우진
박태준　박현주　백선옥　사공엽　서도식　성민주　손창인　손혜민　송민호
송봉근　송상호　송찬섭　신미경　신성은　신영옥　신재순　심명은　안희돈
양은경　오현주　오현주(62)　우현정　원해자　유미소　유효경　이경선　이경진
이명옥　이봉규　이봉철　이선순　이선희　이수민　이수은　이승목　이승준
이신자　이은수　이재환　이정민　이주완　이지희　이진희　이평순　임경미
임우식　장세백　장영재　전일순　정삼아　정은숙　정태흡　정현석　조동제
조명화　조문숙　조민아　조백현　조범규　조성덕　조정희　조진희　조태현
주은영　천병희　최광호　최세실리아　　최승렬　최승아　최이담　최정옥
최효임　한대규　허광　　허민　　홍순혁　홍은규　홍정수　황경화　황정숙
황훈성　정암학당1년후원
문교경기 〈처음처럼〉 　　　文교수원3학년학생회 　　　문교안양학생회
문교경기8대학생회 　　　문교경기총동문회 　　　문교대전충남학생회
문교베스트스터디 　　　문교부산지역7기동문회 　　　문교부산지역학우일동(2018)
문교안양학습관 　　　문교인천동문회 　　　문교인천지역학생회
방송대동아리 〈아노도스〉 　　방송대동아리 〈예사모〉 　　방송대동아리 〈프로네시스〉
사가독서회
(개인 127, 단체 16, 총 143)

후원회원

강경훈　강경훈　강경희　강규태　강보슬　강상훈　강선옥　강성만　강성심
강신은　강유선　강은미　강은정　강임향　강주완　강창조　강항　　강희석
고강민　고경효　고복미　고숙자　고승재　고창수　고효순　공경희　곽범환
곽수미　구본호　구익희　권강　　권동명　권미영　권성철　권순복　권순자
권오성　권오영　권용석　권원만　권정화　권해명　권혁민　김건아　김경미
김경원　김경화　김광석　김광성　김광택　김광호　김귀종　김길화　김나경(69)
김나경(71)　김남구　김대영　김대훈　김동근　김동찬　김두훈　김들　김래영
김명주(1)　김명주(2)　김명하　김명화　김명희(63)　김문성　김미경(61)　김미경(63)　김미숙
김미정　김미형　김민경　김민웅　김민주　김범석　김병수　김병옥　김보라미

김봉습	김비단결	김선규	김선민	김선희(66)	김성곤	김성기	김성은	김성은(2)

김봉습　김비단결　김선규　김선민　김선희(66)　김성곤·　김성기　김성은　김성은(2)
김세은　김세원　김세진　김수진　김수환　김순금　김순옥　김순호　김순희(2)
김시인　김시형　김신태　김신판　김승원　김아영　김양식　김영선　김영숙(1)
김영숙(2)　김영애　김영준　김영효　김옥주　김용술　김용한　김용희　김유석
김은미　김은심　김은정　김은주　김은파　김인식　김인애　김인욱　김인자
김일학　김정식　김정자　김정현　김정희(96)　김정화　김정현　김정훈　김정희
김종태　김종호　김종희　김주미　김중우　김지수(2)　김지애　김지열　김지유
김지은　김진숙(71)　김진태　김철한　김태식　김태욱　김태헌　김태훈　김태희
김평화　김하윤　김한기　김현규　김현숙(61)　김현숙(72)　김현우　김현정　김현정(2)
김현중　김현철　김형규　김형전　김혜숙(53)　김혜숙(60)　김혜원　김혜정　김홍명
김홍일　김희경　김희성　김희정　김희준　나의열　나춘화　나혜연　남수빈
남영우　남원일　남지연　남진애　노마리아　노미경　노선이　노성숙　노채은
노혜경　도진경　도진해　류다현　류동춘　류미희　류시운　류연옥　류점용
류종덕　류지아　류진선　모영진　문경남　문상흠　문순현　문영식　문정숙
문종선　문준혁　문찬혁　문행자　민영　민용기　민중근　민해정　박경남
박경수　박경숙　박경애　박귀자　박규철　박다연　박대길　박동심　박명화
박문영　박문형　박미경　박미숙(67)　박미숙(71)　박미자　박미정　박믿음　박배민
박보경　박상선　박상윤　박상준　박선대　박선영　박성기　박소운　박수양
박순주　박순희　박승억　박연숙　박영찬　박영호　박옥선　박원대　박원자
박유정　박윤하　박재준　박정서　박정오　박정주　박정은　박정희　박종례
박주현　박주형　박준용　박준하　박지영(58)　박지영(73)　박지희(74)　박지희(98)　박진만
박진헌　박진희　박찬수　박찬은　박춘례　박태안　박한종　박해윤　박헌민
박현숙　박현자　박현정　박현철　박형전　박혜숙　박홍기　박희열　반덕진
배기완　배수영　배영지　배제성　배효선　백기자　백선영　백수영　백승찬
박애숙　백현우　변은섭　봉성용　서강민　서경식　서근영　서두원　서민정
서범준　서봄이　서승일　서영식　서옥희　서용심　서월순　서정원　서지희
서창립　서회자　서희승　석현주　설진철　성윤수　성지영　소도영　소병문
소상욱　소선자　손금성　손금화　손동철　손민석　손상현　손정수　손지아
손태현　손한결　손혜정　송금숙　송기섭　송명화　송미희　송복순　송석현
송연화　송염만　송요중　송원옥　송원희　송유철　송인애　송진우　송태욱
송효정　신경원　신기동　신명우　신민주　신성호　신영미　신용균　신정애
신지영　신혜경　심경옥　심복섭　심은미　심은애　심재윤　심정숙　심준보
심희정　안건형　안경화　안미희　안숙현　안영숙　안정숙　안정순　안진구
안진숙　안화숙　안혜정　안희경　안희돈　양경엽　양미선　양병만　양선경
양세규　양예진　양지연　양현서　엄순영　오명순　오승연　오신명　오영수
오영순　오유석　오은영　오진세　오창진　오혁진　옥명희　온정민　왕현주
우남권　우람　우병권　우은주　우지호　원만희　유두신　유미애　유성경
유승현　유정모　유정원　유철　유향숙　유희선　윤경숙　윤경자　윤선애
윤수홍　윤여훈　윤영미　윤영선　윤영이　윤에스더　윤옥　윤은경　윤재은
윤정만　윤혜영　윤혜진　이건호　이경남(1)　이경남(72)　이경미　이경아　이경옥

이경원	이경자	이경희	이관호	이광로	이광석	이군무	이궁훈	이권주
이나영	이다연	이덕제	이동래	이동조	이동춘	이명란	이명순	이미옥
이민희	이병태	이복희	이상규	이상래	이상봉	이상선	이상훈	이선민
이선이	이성은	이성준	이성호	이성훈	이성희	이세준	이소영	이소정
이수경	이수련	이숙희	이순옥	이승훈	이시현	이양미	이연희	이영민
이영숙	이영실	이영신	이영애	이영애(2)	이영철	이영호(43)	이옥경	이용숙
이용안	이용웅	이용찬	이용태	이원용	이윤주	이윤철	이은규	이은심
이은정	이은주	이이숙	이인순	이재현	이정빈	이정석	이정선(68)	이정애
이정임	이종남	이종민	이종복	이준호	이중근	이지석	이지현	이진아
이진우	이창용	이철주	이춘성	이태곤	이태목	이평식	이표순	이한솔
이혁	이현주(1)	이현주(2)	이현호	이혜영	이혜원	이호석	이호섭	이화선
이희숙	이희정	임미정	임석희	임솔내	임정환	임창근	임현찬	장모범
장선희	장시은	장영애	장오현	장재희	장지나	장지원(65)	장지원(78)	장지은
장철형	장태순	장해숙	장홍순	전경민	전다록	전미래	전병덕	전석빈
전영석	전우성	전우진	전종호	전진호	정경희	정계란	정금숙	정금연
정금이	정금자	정난진	정미경	정미숙	정미자	정상묵	정상준	정선빈
정세영	정아연	정양민	정양욱	정연	정연화	정영목	정영훈	정옥진
정용백	정우정	정유미	정일순	정재연	정재웅	정정녀	정지숙	정진화
정창화	정하갑	정현진	정은교	정해경	정현주	정현진	정호영	정환수
조권수	조길자	조덕근	조미선	조미숙	조병진	조성일	조성혁	조수연
조슬기	조영래	조영수	조영신	조영연	조영호	조예빈	조용수	조용준
조윤정	조은진	조정란	조정미	조정옥	조증윤	조창호	조황호	주봉희
주연옥	주은빈	지정훈	진동성	차문송	차상민	차혜진	채장열	천동환
천명옥	최경식	최명자	최미경	최보근	최석묵	최선희	최성준	최수현
최숙현	최연우	최영란	최영순	최영식	최영아	최원옥	최유숙	최유진
최윤정(66)	최은경	최일우	최자련	최재식	최재원	최재혁	최정욱	최정호
최정환	최종희	최준원	최지연	최진욱	최혁규	최현숙	최혜정	하승연
하혜용	한미영	한생곤	한선미	한연숙	한옥희	한윤주	한호경	함귀선
허미정	허성준	허양	허웅	허인자	허정우	홍경란	홍기표	홍병식
홍성경	홍성규	홍성은	홍영환	홍은영	홍의중	홍지흔	황경민	황광현
황미영	황미옥	황선영	황신해	황은주	황재규	황정희	황주영	황현숙
황혜성	황희수	kai1100	익명					

리테라 주식회사	문교강원동문회	문교강원학생회
문교경기 〈문사모〉	문교경기동문 〈문사모〉	문교서울총동문회
문교원주학생회	문교잠실송파스터디	문교인천졸업생
문교전국총동문회	문교졸업생	문교8대전국총학생회
문교11대서울학생회	문교K2스터디	서울대학교 철학과 학생회
(주)아트앤스터디	영일통운(주)	장승포중앙서점(김강후)
책바람		

(개인 723, 단체 19, 총 742)

2023년 12월 31일 현재, 1,121분과 46개의 단체(총 1,167)가 정암학당을 후원해 주고 계십니다.

▌옮긴이

이기백

성균관대학교 철학과를 졸업하고 같은 대학교에서 『필레보스』를 중심으로 플라톤의 윤리학과 우주론 및 방법론을 연구하여 박사학위를 받았다. 현재 성균관대학교 초빙교수이며 정암학당 이사이다. 저서로는 『철학의 전환점』(공저), 『서양고대철학 1』(공저), 『아주 오래된 질문들: 고전철학의 새로운 발견』(공저)이 있고, 역서로는 『소크라테스 이전 철학자들의 단편 선집』(공역), 『히포크라테스 선집』(공역), 플라톤의 『크라튈로스』(공역), 『크리톤』, 『필레보스』, 『법률 1, 2』(공역) 등이 있다. 최근에 「소크라테스의 삶에서 악법과 불복종의 문제」라는 논문을 발표하기도 했다.

정암고전총서는 정암학당과 아카넷이 공동으로 펼치는 고전 번역 사업입니다. 고전의 지혜를 공유하여 현재를 비판하고 미래를 내다보는 안목을 키우는 문화적 기반을 마련하고자 합니다.

정암고전총서 플라톤 전집

크리톤

1판 1쇄 펴냄 2020년 7월 31일
1판 4쇄 펴냄 2024년 4월 5일

지은이 플라톤
옮긴이 이기백
펴낸이 김정호
펴낸곳 아카넷

출판등록 2000년 1월 24일(제406-2000-000012호)
주소 10881 경기도 파주시 회동길 445-3 2층
전화 031-955-9511(편집) · 031-955-9514(주문)
팩스 031-955-9519
www.acanet.co.kr

Printed in Paju, Korea.

ISBN 978-89-5733-686-1 94160
ISBN 978-89-5733-634-2 (세트)

도서의 국립중앙도서관 출판예정도서목록(CIP)은
서지정보유통지원시스템 홈페이지(http://seoji.nl.go.kr)와
국가자료공동목록시스템(http://www.nl.go.kr/kolisnet)에서 이용하실 수 있습니다.
(CIP제어번호: CIP2020028961)